Perspectives

l'actualité française en 12 textes
troisième édition

Sae OKAMI
Michaël Desprez

Éducation
L'uniforme

Culture
Le manga

Travail
Le télétravail

Université
Le baccalauréat

Art
Le ballet

Littérature
Le prix Nobel

Patrimoine
Le château

Mode
Le mécénat

Politique
La parité

Économie
L'innovation

Monde
La francophonie

Social
L'immigration

HAKUSUISHA

—— 音声ダウンロード ——

この教科書の音源は白水社ホームページ（www.hakusuisha.co.jp/download）からダウンロードすることができます（お問い合わせ先: text@hakusuisha.co.jp）

表紙・本文デザイン　古屋真樹（志岐デザイン事務所）

ナレーション　Michaël DESPREZ

Georges VEYSSIÈRE

はじめに

　現代フランスのダイナミズムを、社会現象や政治、技術革新、文化遺産、IT、アートといった複数の分野で学ぶことのできる教科書。これが本書の出発点にあるコンセプトでした。さまざまな分野を専攻する日本の大学生にも身近に感じられるトピックを選び、より深くフランス文化を理解できるように、現在発生している事象の背景にある歴史的な事柄についても説明しています。

　各課は、①イントロダクション（日本語）と文法のポイント、②テキスト、③練習問題から構成されています。第 1 課の前には、講読に取り組む前に振り返っておきたいポイントを挙げ、巻末には文法のまとめを付けました。

　本文のテキストは、複数の資料をもとに、語彙や構文を中級学習者向けに調整し（文章や語彙は仏検準 2 級レベルを参照しています）、本書のために執筆しました。くだけていない美しいフランス語表現、フランス語の自然な論理展開、メディア等でよく使われる語彙を用いることを心がけ、学習者がフランスの新聞やメディアで使われるスタンダードなフランス語に慣れ、自分で記事が読めるようになることを目指しています。ダウンロード音源を活用すれば、フランス語の自然なイントネーションやリズムと、聴く力を養うことができます。また、練習問題等の例文は、会話で使える日常的な表現を多く入れました。文章をそのまま暗記し、語句を入れ替えれば、コミュニケーションのための表現力を得ることができます。この教科書の学習を通して、現代フランス語の読む力、発信する力の両方を養うことを意図しています。

　時代の変化に従って、今回の三訂版では前回（2021 年）の改訂版から 2 つのテキストを刷新しました（第 3 課と第 6 課）。それ以外の課にも、情報をアップデートするために加筆・修正を行っています。

　もし教科書で興味を惹かれたトピックがあれば、インターネットで資料や動画を検索してみてください。政治家の演説も、大学生のデモの様子も、コンテンポラリーダンスや現代サーカスのパフォーマンスも、ぜひ自分の目と耳で確かめてください。そしてフランス語でさまざまな人々と、現代社会の問題について語り合ってみてください。新しい時代を創造する学生の皆さんが新たな « perspectives » を得る一助となれば、心から嬉しく思います。

　最後に、写真をご提供くださったアンスティチュ・フランセをはじめ、ご協力いただいた皆様に深く感謝いたします。また、これまでに先生方から寄せられた貴重なご意見を参考にさせていただきました。この場を借りて厚く御礼申し上げます。

著者一同

Perspectives

l'actualité française en 12 textes　　12テーマでわかるフランス事情［三訂版］
troisième édition

Leçon 1

Les uniformes de retour ?
教育 制服への回帰？ ………………………………………………………… 7
動詞の種類（自動詞と他動詞）、命令形、疑問文

Leçon 2

Vers la réforme du baccalauréat et de l'entrée à l'université
教育 バカロレア改革と大学入試改革 …………………………… 11
複合過去、過去分詞、半過去

Leçon 3

Un métier et une passion : restaurateur de châteaux
遺産 仕事と情熱：城の修復 …………………………………………… 15
単純未来、前未来、受動態

Leçon 4

La France, une nation de startups ?
経済 フランスはスタートアップの国？ ……………………… 19
関係代名詞、指示代名詞

Leçon 5

L'immigration et la culture française
社会 移民とフランスの文化 ……………………………………………… 23
直接目的補語、間接目的補語

Leçon 6

La vogue du manga japonais en France
文化 フランスのMangaブーム …………………………………………… 27
代名動詞、前置詞をともなう関係代名詞

Leçon 7 Le Ballet national de l'Opéra de Paris
芸術 国立パリ・オペラ座バレエ団 ·································· 31
比較級、最上級

Leçon 8 La mode française et sa tradition de mécénat
ファッション ファッションとメセナの伝統 ·················· 35
現在分詞、ジェロンディフ

Leçon 9 700 millions de francophones en 2050 !?
国際 2050年、フランス語の話者7億人!? ·················· 39
代名詞en, y, le

Leçon 10 Le télétravail : une organisation idéale du travail ?
労働 テレワーク、理想の働き方？ ·················· 43
条件法現在、条件法過去

Leçon 11 La France, grande nation littéraire
文学 文学大国・フランス ·································· 47
接続法現在、接続法過去

Leçon 12 Parité et disparités : un bilan contrasté
政治 "パリテ"の現状と課題 ·················· 51
動詞の時制のまとめ、直説法現在のさまざまなニュアンス

文法のまとめ ·· 55

● **フランス語の基本6文型について**

すべての文は、主語(S)、動詞(V)、属詞(A)、直接目的補語(COD)、間接目的補語(COI)の組み合わせでつくられる

1. 主語＋動詞(S＋V)

   Ils dansent.　彼らはダンスをしています。

   Je viens de Paris.　私はパリの出身です。

2. 主語＋動詞＋属詞(S＋V＋A)：属詞は主語の属性を示す形容詞あるいは名詞

   C'est la Tour Eiffel.　これはエッフェル塔です。

   Cette machine est très utile.　この機械はとても便利です。

3. 主語＋動詞＋直接目的補語(S＋V＋COD)：直接目的補語は前置詞を伴わない

   J'ai un frère.　私には兄弟がひとりいます。

   Les français mangent souvent du fromage.　フランス人はよくチーズを食べます。

4. 主語＋動詞＋間接目的補語(S＋V＋COI)：間接目的補語は前置詞を伴う。前置詞(à, de など)は動詞によって決まる

   Tu penses à qui ?　誰のことを考えてるの？

   Nous parlons de notre problème.　私たちは私たちの問題について話しているのです。

5. 主語＋動詞＋直接目的補語＋間接目的補語(S＋V＋COD＋COI)

   On a offert un bouquet de fleurs à notre professeur.　私たちは先生に花束を贈りました。

   Tu nous montreras tes photos ?　写真を私たちに見せてくれる？

6. 主語＋動詞＋直接目的補語＋属詞(S＋V＋COD＋A)：属詞は直接目的補語の属性を示す

   Vous trouvez cette émission intéressante ?　あなたはこの番組を面白いと思いますか？

   J'ai laissé la fenêtre ouverte.　私は窓を開けっ放しにした。

● **数の読み方**

1000＝mille　10000＝dix mille(mille は数形容詞で複数形にならない)

100 万＝un million　1000 万＝dix millions(million は名詞で複数形になる)

10 億＝un milliard　100 億＝dix milliards(milliard は名詞で複数形になる)

少数点は , (virgule)：0,514＝zéro virgule cinq cent quatorze

パーセント＝% (pour cent)：20%＝vingt pour cent

序数は順序の表現に用い、基数に語尾 -ième を付けてつくる。e で終わる基数は e を除いて -ième を付ける

1 の序数のみ、特別な形をもつ premier(女性形 première)

20e＝vingtième のように略すことがある

君主の名、世紀、区の名前等はローマ数字で表記する：Louis XIV, XXe siècle, IVe arrondissement

1 | 制服への回帰?

動詞の種類（自動詞と他動詞）、命令形、疑問文

レジオン・ドヌール教育施設の制服（AFP＝時事）

introduction

　日本の学校ではあたりまえでも、フランスの学校に無いものがあります。入学式、卒業式（幼稚園から留年、飛び級があるので同じ年齢の子供が全員同じ学年にいるわけではありません）、そして制服。フランスでは、教育機会の平等を保障するため、公立校の学費は無料で、生徒の家庭の出費を抑えるため制服もありません。けれども近年、公立学校への制服導入に賛成を唱える人が増えてきています。そこには移民の流入による、新たな格差問題が関係しているようです。

文法のポイント

1. 動詞の種類（自動詞と他動詞）

Les 500 élèves viennent des départements proches de Paris.

500 人の生徒は、パリに近い県から来ています。

Cette école impose l'uniforme à toutes les élèves.

この学校は生徒全員に制服着用を課します。

2. 命令形 → p.56, 58

Prenons le cas de l'Internat d'Excellence.

アンテルナ・デクセランスの例を取りあげましょう。

3. 疑問文（倒置の疑問文、疑問詞を使う疑問文） → p. 63

Avez-vous des souvenirs de vos uniformes d'école ?

あなたは学校の制服の思い出がありますか？

Pourquoi introduire l'uniforme à l'école ?

どうして学校は制服を導入するのでしょうか？

7

1 | Les uniformes de retour ?

1 Avez-vous des souvenirs de vos uniformes d'école ? En France, contrairement au Japon, très peu d'écoles obligent les élèves à porter l'uniforme. Pourtant, les Français sont de plus en plus favorables à son introduction.

5 Historiquement, l'école française n'a jamais imposé [1] l'uniforme aux élèves. De plus, après Mai 68 [2], les règles vestimentaires sont devenues [3] encore plus libres. Depuis, les écoles publiques n'observent pas d'interdiction sur le choix de vêtements ou de coiffure, sauf dans le cas précis des signes religieux ostensibles. [4]

10 De sorte que les établissements qui [5] ont un uniforme restent minoritaires en France. C'est par exemple le cas de la Maison d'éducation de la Légion d'honneur [6], une école d'excellence pour jeunes filles. Depuis sa fondation en 1805 pour les filles orphelines de l'armée napoléonienne [7], cette école impose l'uniforme à toutes les élèves, du collège au lycée. Il y a

15 encore les collèges et les lycées de la Défense [8]. Les établissements publics des départements et régions français d'outre-mer [9] adoptent aussi par

---

1) n'a jamais imposé : 複合過去 → p.56, 57。
2) Mai 68 : 5月革命。1968 年 5 月に、学生運動から波及した、全国的な社会闘争。学生は大学封鎖やデモを行い、その結果、学生の大学自治等の民主化が認められた。
3) sont devenues : 複合過去 → p.56, 57。
4) les signes religieux ostensibles : あからさまな宗教的象徴。イスラム教徒のスカーフ、ユダヤ教徒のキッパ、キリスト教徒の大きな十字架など、他者が見て宗教的な意味が明らかに理解される服装。
5) qui : 関係代名詞 → p.61。
6) la Maison d'éducation de la Légion d'honneur : レジオン・ドヌール教育施設。パリ近郊のサン=ドニ大修道院に隣接し、全寮制で中学・高校を併設し約 800 人の生徒が学ぶ。父、祖父、曾祖父が叙勲者の女子が入学できる。
7) napoléonienne : Napoléon の形容詞形。
8) les lycées de la Défense : 防衛高校。国防相が管轄し、全国にある 6 校で約 4000 人が学ぶ。入学枠の 70% は軍人の子女に充てられ、学費、給食費、寮費は無料。
9) les départements et régions français d'outre-mer : フランス海外県地域圏。略して DROM とも呼ばれる。カリブ海やアフリカの旧植民地が 1946 年に法律で海外県となり、フランス本土の法律と政令が適用される。2003 年までは DOM（les départements d'outre-mer）と呼ばれた。

tradition l'uniforme : en Martinique [10], environ 200 établissements sur 345 ont un uniforme.

Alors, pourquoi introduire l'uniforme à l'école ? Prenons le cas de l'Internat d'Excellence [11] de Sourdun [12]. Fondé [13] en 2008, ce lycée a pour but d'offrir de bonnes conditions de réussite à des jeunes issus de familles défavorisées. Les 500 élèves viennent des départements proches de Paris (Seine-et-Marne, Val-d'Oise et Seine-Saint-Denis) souvent affectés par le choc migratoire de ces trente dernières années. Ici, l'uniforme est utile pour trois raisons : d'abord, il gomme les différences de situation familiale entre les étudiants ; ensuite, il permet aux étudiants de se concentrer sur les études ; enfin, il assure un sentiment d'appartenance plus fort au milieu scolaire. Et en effet, cette école donne d'excellents résultats au niveau national aujourd'hui.

Suite à ce succès, la ville de Provins [14] (Seine-et-Marne) a proposé [15] aux parents d'élèves l'introduction de l'uniforme dans six écoles élémentaires [16] en 2017. Et après un vote favorable – plus de 62% de oui –, les 750 enfants de six écoles portent un uniforme à partir de la rentrée 2018. Face à ce mouvement, le ministre de l'Éducation [17] affirme que le port de l'uniforme assure l'égalité entre les enfants. Et vous, qu'en pensez-vous ? [18]

10) la Martinique: マルティニーク島。カリブ海の西インド諸島に属し、17 世紀からフランス人が入植してサトウ
　　キビ栽培で栄えた。人口約 40 万人。
11) l'Internat d'Excellence: アンテルナ・デクセランス。経済的に恵まれない子供に優れた教育と全寮制の生活
　　環境を与え、社会的不平等を是正するために設立された。国内に 21 校あり、2013 年からは l'Internat de la
　　réussite と呼ばれている。
12) Sourdun: スルダン。パリ近郊、セーヌ＝エ＝マルヌ県の町。2008 年にフランスで最初のアンテルナ・デクセ
　　ランスが設置された。
13) fondé: fonder の過去分詞 → p.55, 57。
14) Provins: プロヴァン。セーヌ＝エ＝マルヌ県の町。中世市場都市として 2001 年に世界遺産に登録されている。
15) a proposé: 複合過去 → p.56, 57。
16) l'école élémentaire: 小学校。フランスでは 6 歳から 5 年制、なお、中学 (le collège) は 4 年制、高校 (le
　　lycée) は 3 年制。
17) le ministre de l'Éducation: 国民教育省大臣。省の正式名称は le Ministère de l'Éducation nationale,
　　de l'Enseignement supérieur et de la Recherche (国民教育・高等教育・研究省)。
18) Qu'en pensez-vous ? = Qu'est-ce que vous en pensez ?　中性代名詞 en → p.60。

1. 次の文が正しければ V、誤りであれば F を書きなさい。

1	En France, on ne porte jamais l'uniforme dans les collèges et les lycées.	
2	L'Internat d'Excellence est à l'origine destiné aux jeunes des milieux peu favorisés.	
3	L'uniforme permet de cacher les différences de situation familiale entre les élèves.	
4	Dans la ville de Provins, les parents d'élèves ne veulent pas de l'uniforme.	
5	Le ministre de l'Éducation demande aux écoles publiques d'introduire l'uniforme.	

2. 語を正しい順番に並べて、日本語の文章と同じ意味の文章を作りなさい。

1) 日本では、仕事場で制服を着る人もいるのですか？

au Japon / au travail / certains / est-ce que / employés / l'uniforme / portent

_____ ?

2) 早く出発してください、約束に遅れないように。

au rendez-vous / en retard / être / ne / partez / pas / pour / vite

_____ .

3) 日本では、生徒に厳しい校則を課す学校があります。

aux élèves / des écoles / des règles / imposent / au Japon / parfois / strictes

_____ .

3. 下線部に動詞を現在形に、（　）に形容詞を正しい形にして書き入れ、文章を完成させなさい。それを日本語に訳しなさい。

1) La plupart des écoles _____ (   ) en France.

［動詞 être / 形容詞 mixte］

2) _____ vos vêtements (   ), si vous partez à Paris en hiver.

［動詞 prendre / 形容詞 chaud］

3) Pourquoi cet élève _____ ? Parce qu'il n'_____ pas de (   ) notes.

［動詞 redoubler, avoir / 形容詞 bon］

2 バカロレア改革と大学入試改革

複合過去、過去分詞、半過去

大学入試改革に反対するデモ（AFP＝時事）

introduction ••

　　フランスの大学には入試が無い、と聞くと驚くでしょうか？　高校の終わりに受験する全国共通試験「バカロレア」が、高等教育修了資格と大学入学資格を同時に与えるディプロム（資格）だからです。でも大学は入学後が厳しく、2 年生に進級するのは学生の約 40% にすぎません。一方、バカロレアの成績が優秀な学生は準備学級に進みます。2 年間の厳しい受験勉強を経て、グラン・ゼコールを受験し、合格者は国や企業の管理職や幹部職に就く養成教育を受けます。バカロレアは 2018 年の制度改革、2020 年の Covid-19 の影響により、混乱が続いています。

文法のポイント ••

1. 複合過去 → p.56, 57

Napoléon Ier a créé ce diplôme national en 1808.

ナポレオン 1 世が 1808 年にこの国家資格を作りました。

Plus de 10 000 étudiants sont venus à Paris.

1 万人を超える学生がパリにやって来ました。

2. 過去分詞 → p.55, 57

Il y a d'abord le baccalauréat dit général.

まず、総合と呼ばれるバカロレアがあります。

Enfin, il y a le baccalauréat technologique créé en 1968.

最後に、1968 年に作られた技術バカロレアがあります。

3. 半過去 → p.55, 57

À l'époque, le diplôme du baccalauréat exigeait une série d'épreuves écrites et orales.

当時、バカロレアの資格は、一連の筆記と口述の試験を要求していました。

2 Vers la réforme du baccalauréat et de l'entrée à l'université

1　　On sait qu'il existe [1] bien des différences entre l'université française et l'université japonaise. En France, la plupart des universités sont nationales et par conséquent, les frais d'études restent très accessibles : environ 300 euros par an. Il n'y a pas non plus d'examen d'entrée.

5　　L'université doit admettre tous les candidats s'ils sont titulaires du diplôme de fin d'études secondaires : le baccalauréat [2].

　　Le baccalauréat – souvent appelé le bac – a plus de [3] 200 ans d'histoire. Napoléon Ier [4] a créé ce diplôme national en 1808. À l'époque, le diplôme du baccalauréat exigeait, comme aujourd'hui, une série d'épreuves écrites

10　et orales à la fin des années de lycée. Comme le baccalauréat est aussi le premier diplôme universitaire, il permettait et permet donc toujours de continuer les études en université ou dans les classes préparatoires [5] aux grandes écoles [6].

　　Au fil du temps, l'éducation nationale s'est adaptée [7] aux rapides

15　changements de la société et du monde du travail. Depuis les années 1960, trois baccalauréats ont vu le jour. Il y a d'abord le baccalauréat dit général. Environ 40% des jeunes choisissent ce type de diplôme. Après 1995, le

1) on sait qu'il existe: on sait que... で「…は知られている」。on は一般的な人を意味し、訳さないことも多い。会話では「私たち」の意味で使われる。il existe は il y a の意味で、il は非人称の主語。

2) le baccalauréat: バカロレア。最初の 3 文字で略して「バック」とも呼ばれる。毎年 6 月に行われ、高校で選択した学問系列に対応した共通試験。

3) plus de ＋名詞: 比較級 → p.62。

4) Napoléon Ier: ナポレオン 1 世、ナポレオン・ボナパルト(1769–1821)。

5) les classes préparatoires aux grandes écoles: CPGE、グラン・ゼコール準備学級。通称プレパ (une prépa)。

6) les grandes écoles: グラン・ゼコール。部門別に高度専門教育を行う。18 世紀に国王が設立した国立土木学校をはじめ、人文科学、社会科学、自然科学部門のエコール・ノルマル、政治部門の ENA、理系のエコール・サントラル、高等鉱業学校等がある。

7) s'adapter: 代名動詞 → p.59。

baccalauréat général se compose [8] de trois types de baccalauréat : le baccalauréat littéraire (L), le baccalauréat économique et social (ES), et enfin le baccalauréat scientifique (S). Deuxième type de baccalauréat, le baccalauréat professionnel existe depuis 1985. Il est destiné aux élèves des lycées professionnels désireux d'entrer rapidement dans la vie active. Enfin, il y a le baccalauréat technologique créé en 1968. Il prépare à l'emploi immédiat avec une formation professionnelle, industrielle et technologique. Il permet aussi de continuer des études spécialisées au niveau universitaire.

Les lycéens passent le bac en juin. Depuis les années 1960, le nombre de diplômés n'a cessé d'augmenter. En 1960, il y en avait 60 000. En 2017, 729 600 candidats ont passé le bac avec presque 88% de succès. Comme ce diplôme concerne l'avenir des nouvelles générations de Français, l'annonce officielle d'une réforme du baccalauréat et de l'admission à l'université en février 2018 a entraîné beaucoup d'interrogations chez les élèves et leurs parents.

Selon le nouveau système, les lycéens doivent s'inscrire [9] sur une plateforme électronique [10] pour choisir leur orientation, et l'université peut sélectionner les futurs étudiants selon leurs notes au bac. Ce système permet à l'université de limiter les nombres d'étudiants, mais prive les lycéens de la liberté pour choisir leur filière d'étude [11]. L'épidémie de Covid-19 [12] a encore compliqué la situation. Pour la première fois dans l'histoire, les candidats au baccalauréat 2020 n'ont pas eu d'épreuve finale à passer. Résultat : 95,7% des candidats ont eu leur diplôme. Certains spécialistes de l'éducation sonnent l'alarme. Si cette situation continue ainsi, elle marquera [13] alors la fin du baccalauréat comme examen national commun à tous.

8) se composer : 代名動詞 → p.59。
9) s'inscrire : 代名動詞 → p.59。
10) une plateforme électronique : オンライン・プラットフォーム。関連する情報やサービスを利用するためのインターネットサイトのこと。
11) une filière d'étude : 学問系列。大学で学ぶ専門領域。
12) La Covid-19 : 新型コロナウィルス感染症。
13) marquera : 直説法単純未来 → p.55, 57。

1. 次の文が正しければ V、誤りであれば F を書きなさい。

1	Le baccalauréat est un diplôme indispensable pour entrer à l'université.	
2	Aujourd'hui, en France, il n'y a qu'une catégorie de baccalauréats.	
3	Après le bac, il faut passer par les classes préparatoires pour entrer dans les grandes écoles.	
4	Dans le système de l'éducation nationale française, il y a à la fois un côté égalitaire et un côté élitiste.	
5	Avec la Covid-19, le baccalauréat est devenu plus difficile à obtenir.	

2. 語を正しい順番に並べて、日本語の文章と同じ意味の文章を作りなさい。

1) 彼の祖母は 1900 年に生まれて 2000 年に亡くなった。

en 1900 / en 2000 / sa grand-mère / est / et / morte /née

_____ .

2) 宿題をしていたら、弟が帰って来た。

mes devoirs / mon frère / est / faisais / je / quand / rentré

_____ , _____ .

3) 彼女は時間通りに到着したが、教室はもういっぱいだった。

arrivée / déjà / elle / est / était / la / à l'heure / mais / pleine / salle

_____ , _____ .

3. (　) に指定の動詞を複合過去か半過去にして書き入れ、文章を完成させなさい。
   それを日本語に訳しなさい。

1) Hier, il (　　　　) vingt ans. Pendant la fête d'anniversaire, il (　　　　) très content.　　　　　　　　　　　　　　　　　　　　　　　　[avoir / être]

2) J' (　　　　) très soif et j' (　　　　) une grande bouteille d'eau minérale.
　　　　　　　　　　　　　　　　　　　　　　　　　　　　　　[avoir / acheter]

3) Cet été, il (　　　　) très chaud mais on (　　　　) à la mer.
　　　　　　　　　　　　　　　　　　　　　　　　　　　[faire / ne pas aller]

3 | 仕事と情熱：城の修復

単純未来、前未来、受動態

Guyot 家の兄弟が購入、修復したサン＝ファルジョー城

introduction

　　フランス語の〈château〉は「領主や王の住居」（＝palais）、「田舎の遊興用の大きな美しい住まい」（＝castel, gentilhommière, manoir）、「堀、城壁、塔で防御し要塞化した封建領主の屋敷」（＝bastille, château fort, citadelle, forteresse）等、日本語の「城」（敵を防ぐ軍事的構造物）以上に多様な建築物を指します。近年、放置され荒れ果てた古城を歴史を愛する一般の人が購入し、地域を巻き込んで再生させる試みが登場しています。

文法のポイント

1. 単純未来 → p.55, 57

Près de 30 000 visiteurs assisteront aux divers spectacles.

約3万人の来場者がさまざまなショーを観覧するでしょう。

2. 前未来 → p.56, 57

Il aura terminé de restaurer cette belle demeure avant 2050.

2050年までに彼はこの美しい館の修復を終えるでしょう。

3. 受動態 → p.57

Le château de Vaux a été construit en 1722.

ヴォー城は1772年に建てられました。

3 Un métier et une passion : restaurateur de châteaux

音声 3

Quels sont les métiers que vous exercerez peut-être plus tard ? Parmi
de nombreuses professions possibles, certaines sont très originales. C'est
le cas du métier de restaurateur de châteaux. En France, depuis quelques
années, une poignée de jeunes Français et Françaises est attirée par une
activité culturelle originale : sauver et restaurer de belles demeures
historiques. Tous n'ont pas forcément beaucoup d'argent à l'origine, mais
ils sont créatifs et laborieux. Surtout, ils sont guidés par l'amour de la
beauté, de l'histoire et par le goût des défis difficiles à relever. Et en ce
domaine, la France leur offrira toujours de belles occasions.

Aujourd'hui, on estime [1] à environ 45 000 le nombre de châteaux en
France. Certains sont très connus comme Versailles [2]. Ils appartiennent à
l'État et abritent souvent des musées. Par contre, il existe aussi des
milliers de petits châteaux, allant [3] du petit manoir de campagne à la
forteresse médiévale. On trouve encore de superbes demeures de la
Renaissance et des folies [4] de l'époque des Lumières [5]. Il existe aussi toute
une série de châteaux plus modernes. Ils ont été construits au XIXe siècle
par les grands industriels et l'aristocratie avec l'aide des meilleurs [6]
architectes de l'époque. Cependant, la situation de ces édifices est parfois
précaire. Parfois abandonnés, ils exigent un entretien financier conséquent
alors que les modes de vie ont évolué depuis leur construction.
Heureusement, tout n'est pas perdu.

---

1) estimer A à B: A を B と見積もる。
2) le Château de Versailles ： ヴェルサイユ城。パリ南西約 20 キロのヴェルサイユにあり、ヴェルサイユ宮殿 (le Palais de Versailles) とも呼ばれる。17 世紀末から国王ルイ 14 世の命令で建造された。
3) allant de A à B： A から B まで。
4) une folie： フォリー。17 世紀から 18 世紀にパリ近郊に建設された豪華な別荘。
5) l'époque des Lumières： 啓蒙の時代。18 世紀を指す。
6) meilleurs： 形容詞 bon の最上級 →p.62。

La famille Guyot a décidé de faire [7] de la restauration et du sauvetage de ce patrimoine son métier. Sept châteaux ont déjà été sauvés de la ruine par cette famille. Et à l'avenir, d'autres demeures seront sans doute encore préservées grâce aux Guyot. Tout a commencé en 1979 avec le sauvetage du château de Saint-Fargeau [8], la demeure de la Grande Mademoiselle [9], la cousine de Louis XIV. Sans argent, Jacques et Michel Guyot ont réussi à la restaurer. Selon les estimations, près de 30 000 visiteurs seront accueillis durant l'été 2024 et assisteront aux divers spectacles sons et lumières dans le parc de ce château historique.

Les Guyot ont réussi à partager leur passion avec leurs enfants. En 2015, le fils de Jacques, Edouard Guyot, âgé de 22 ans seulement, a acquis un chef-d'œuvre en péril : le château de Vaux [10] dans le département de l'Aube, construit en 1722 par le célèbre architecte Germain Boffrand [11]. Grâce à de multiples manifestations, et à l'aide de nombreux bénévoles, Edouard gagne un peu d'argent. Cette somme est immédiatement réinvestie dans les travaux de son château. Selon Edouard Guyot, il aura terminé de restaurer cette belle demeure avant 2050.

Dans « So Châteaux [12] », une émission sur YouTube, les enfants Guyot (Alice, Edouard et Louis) expliquent leur passion. Restaurer un château est une école de vie. Une telle entreprise vous demandera le sens du risque, de l'expertise professionnelle mais aussi de l'optimisme et surtout une passion folle. Au Japon, connaissez-vous de semblables initiatives pour sauvegarder et mettre en valeur le patrimoine culturel ?

7) faire de A B : A を B にする。
8) le Château de Saint-Fargeau : サン=ファルジョー城。ヨンヌ県に位置し、10 世紀末に建造された。
9) la Grande Mademoiselle : ラ・グランド・マドモワゼル。ルイ 13 世の弟であるオルレアン公ガストンの長女アンヌ=マリー・ルイーズ・ドルレアン（1627–1693）のあだ名。
10) le Château de Vaux : ヴォー城。パリの東、オーブ県に位置し、元は 12 世紀に城砦として建造された。
11) Germain Boffrand : ジェルマン・ボフラン（1667–1754）。ルイ 14 世の首席建築家ジュール・アルドゥアン=マンサールの弟子、レジャンス様式を代表する建築家。パリのスービーズ館（現在の国立公文書館）、ロレーヌのリュネヴィル城も手掛けた。
12) So Châteaux : ソー・シャトー。フランス各地の古城を現在の所有者が案内する、YouTube チャンネル。

1. 次の文が正しければ V、誤りであれば F を書きなさい。

1	Pour devenir restaurateur de château, il faut toujours au départ beaucoup d'argent.	
2	Les familles françaises aujourd'hui peinent parfois à bien entretenir les châteaux.	
3	La famille Guyot était la propriétaire historique depuis des siècles du château de Saint-Fargeau.	
4	C'est aussi grâce à des volontaires qu'Edouard Guyot a réussi à restaurer son château.	
5	Chez les Guyot, le goût du profit financier facile est la principale qualité derrière la restauration de ces châteaux.	

2. 語を正しい順番に並べて、日本語の文章と同じ意味の文章を作りなさい。

1) 会議が終わって、20 時の電車に乗る予定です。

de 20 heures / je / la réunion / le train / prendrai / quand / sera finie

_____ , _____ .

2) もし機会があれば、放置された城の修復をやりますか？

abandonné / à la restauration / avez / d'un château / l'opportunité / si / travaillerez / vous / vous

_____ , _____ ?

3) 19 世紀の見事な城の多くは、実業家や貴族によって建てられました。

au / beaucoup / des industriels et des aristocrates / de superbes châteaux / ont été édifiés / par / XIXe siècle

_____ , _____ .

3. （　）に指定の動詞を単純未来形か前未来形にして書き入れ、文章を完成させなさい。それを日本語に訳しなさい。

1) À l'avenir, qui (　　　　　　) devenir propriétaire d'un château ?　　　[vouloir]

2) Une fois restauré, le château de Vaux (　　　　　　) un spectacle historique.

[accueillir]

3) Pour devenir restaurateur de château, il (　　　　　) beaucoup de qualités utiles dans la vie.

[falloir]

4 | フランスはスタートアップの国?

関係代名詞、指示代名詞

短距離の輸送を自動で行うロボット TwinswHeel

introduction

　近年、ビジネスの世界で話題になっているスタートアップとは、新しい技術やビジネスモデルを開発し、投資家から資金調達を行い、短期間で急成長して利益を上げる小規模ビジネスを指します。日本語では意欲的な新規事業を「ベンチャー企業」と呼びますが、資金調達方法とスピードにおいてスタートアップとは異なるモデルです。世界で最も多くのスタートアップが生まれているのはアメリカやシンガポールですが、フランスも健闘しています。

文法のポイント

1. 関係代名詞 qui, que → p.61

Ensemble, ils ont trouvé un financement pour inventer une petite machine qui s'appelle Emuage.

彼らは一緒にエミュアージュという名の小さな機械を開発する財源を見つけました。

Une startup a besoin de levées importantes de fonds que les sociétés du capital-risque vont apporter.

スタートアップは多額の資金調達が必要で、それをベンチャーキャピタルがもたらします。

2. 関係代名詞 dont, où → p.61

Cette machine, dont le prix de vente sera fixé autour de 350 euros, utilise de l'eau et des capsules.

この機械は、市販価格が 350 ユーロ程度で、水とカプセルを使います。

La France est un pays où l'innovation marche plutôt bien.

フランスは技術革新がかなりうまくいっている国です。

3. 指示代名詞 celui, celle, ceux, celles → p.61, 62

Celle-ci est capable de fabriquer tout produit de beauté dont on a besoin.

これは、私たちが必要とする、あらゆる美容製品を製造することが可能です。

Un autre domaine qui intéresse aussi les startups françaises est celui des services de livraisons courts.

フランスのスタートアップが関心を抱くもう一つの領域は、短距離配達サービスの領域です。

4 La France, une nation de startups ?

1　　　Le jeune président de la République française, Emmanuel Macron [1],
veut faire de la France une « nation de startups ». Que veut-il dire ?
Prenons d'abord quelques exemples de startups françaises. La startup
B2B Cosmetics est en train de révolutionner le domaine des cosmétiques.
5　C'est une société fondée en 2010 par deux jeunes ingénieurs chimistes.
Ensemble, ils ont trouvé un financement pour inventer une petite machine
qui s'appelle Emuage. Celle-ci est capable de fabriquer à la maison tout
produit de beauté dont on a besoin. Cette machine, dont le prix de vente
sera fixé autour de 350 euros, utilise de l'eau et deux ou trois capsules qui
10　coûteront moins de [2] 15 euros. En moins de dix minutes, elle vous réalise [3]
des crèmes, du parfum, du shampoing ou des dentifrices personnalisés. En
juin 2020, en seulement trois mois, une autre startup, Plaxtil, a inventé
un processus qui arrive à transformer en plastique recyclable les masques
jetables de protection anti-Covid-19. Cette invention permet, une fois les
15　masques décontaminés aux ultra-violets, de résoudre le problème
écologique de leur pollution et de leur recyclage. Un autre domaine qui
intéresse aussi les startups françaises est celui des services de livraisons
courts, dits « le dernier kilomètre ». Par exemple, à Cahors [4], la startup
Soben, fondée par deux brillants et jeunes frères, Vincent et Benjamin
20　Talon, s'est associée à une autre startup lyonnaise, Andarta Robotics.
Elles ont mis au point TwinswHeel, un robot automobile pour les distances
très courtes en ville. Il vous livre à domicile vos achats depuis les
commerces de proximité. Son application dans l'industrie est tout aussi

---

1) Emmanuel Macron: エマニュエル・マクロン(1977–)。2017 年より第 25 代フランス大統領。
2) moins de + 名詞〜: 比較級 → p.62。
3) elle vous réalise...: vous は動詞 réaliser の間接目的語 → p.59, 60。
4) Cahors: カオール。フランス南西部、オクシタニー地域圏の都市。

importante. Siemens [5] ou encore la SNCF [6] utilisent ce robot pour transporter sur les sites de production des outils à leurs différentes équipes. Ce dernier peut déplacer jusqu'à des charges de 70 kilos.

Le concept et le mot de startup sont nés aux États-Unis. Une startup concerne l'innovation technologique et la création d'un nouveau produit. Les domaines d'une startup sont donc divers : services, robots, objets ou plateformes. Pour se développer [7], une startup a aussi besoin de levées importantes de fonds [8] que les sociétés du capital-risque [9] vont apporter. Ce caractère novateur et le financement boursier sont les deux critères qui caractérisent une startup. Enfin, la startup est une entreprise à hauts risques qui a souvent une existence courte. Seule une minorité de startups parviennent à grandir et à devenir dominantes sur le marché.

La France est un pays où l'entreprenariat [10] et l'innovation des startups marchent plutôt bien. Si ce sont les États-Unis ou Singapour qui voient le plus de [11] créations de jeunes startups, en Europe, la France est, depuis 2016, le premier pays pour le nombre de créations. En 2017, selon une étude de Forbes [12], sur les 100 villes favorables aux startups dans le monde, Paris arrive en 17e position. Lyon [13] en 26e position, Nantes [14] en 36e et Toulouse [15] en 50e position. Pour le proche avenir, une autre étude place Paris en 3e position, derrière San Francisco et New York. Seule ville du Japon qui est présente, Tokyo occupe la 47e position. Si vous avez une invention qui simplifie notre vie, pourquoi alors ne pas [16] partir en France pour fonder votre startup ?

5) Siemens : シーメンス。ドイツに本社を置く、大手総合電機機器メーカー。
6) SNCF : Société nationale des chemins de fer français、フランス国有鉄道。
7) se développer : 代名動詞 → p.59。
8) des levées de fonds : 資金の調達。
9) une société du capital-risque : ベンチャーキャピタル。高い成長率を有する未上場企業に対して投資を行い、高いリターンをねらう企業。
10) l'entreprenariat : 起業家精神。
11) le plus de : 最上級 → p.62。
12) Forbes : 『フォーブス』。1917 年発刊、本社をニューヨークに置く世界有数の経済誌。
13) Lyon : リヨン。フランス南東部の中心都市。オーベルニュ＝ローヌ＝アルプ地域圏の首府。
14) Nantes : ナント。フランス西部、大西洋岸の中心都市。ペイ＝ド＝ラ・ロワール地域圏の首府。
15) Toulouse : トゥールーズ。フランス南西部の中心都市。オクシタニー地域圏の首府。
16) pourquoi ne pas＋不定詞＝～してはどうですか？

1. 次の文が正しければ V、誤りであれば F を書きなさい。

1	B2B Cosmetics est une startup fondée par deux mathématiciens.	
2	Les startups ne concernent que le domaine industriel.	
3	Il faut être très riche pour fonder une startup.	
4	La plupart des startups deviennent par la suite de grandes compagnies.	
5	Le Japon est très en avancé pour le soutien aux jeunes startups.	

2. 語を正しい順番に並べて、日本語の文章と同じ意味の文章を作りなさい。

1) リヨンは私が子供時代を過ごした大都市です。

j'ai / mon enfance / est / une grande ville / Lyon / où / passé

_____ .

2) 私には、父親が世界的に有名な作家の友人がいます。

j'ai / une amie / connu / dont / un écrivain / est / mondialement / le père

_____ .

3) 最近話題になっているこの映画は、カンヌ映画祭で受賞しました。

a / beaucoup / ce film / dont / du / Festival de Cannes / le prix / obtenu / on / parle / récemment

_____ .

3. [　]に指示代名詞、(　)に関係代名詞を書き入れ、文章を完成させなさい。
それを日本語に訳しなさい。

1) Mais non ! Bill Gates n'est pas [　　　　] (　　　　　) a fondé Apple.

2) La solution possible est [　　　　] (　　　　　) vous avez proposée lors de la réunion d'hier.

3) Quand j'étais plus jeune, les chansons (　　　　　) j'adorais étaient [　　　　] de Gainsbourg.

5 │ 移民とフランスの文化

直接目的補語、間接目的補語

カデル・アトゥ振付《The Roots》(2013)の一場面(AFP＝時事)

introduction

　異なる文化的背景を持ち、経済的理由から郊外に閉鎖的コミュニティを形成する移民と、受け入れる社会との軋轢は、ときにネガティヴな形で表面化します。移民の子として郊外で生まれ、フランス人として育つ移民の第二世代のアイデンティティのゆらぎも、さらに問題を複雑にしています。「intégration」(社会的統合)では移住者側の社会への適合がしばしば強調されますが、移住者と受け入れ社会の相互理解によって、社会をより豊かにすることは不可能なのでしょうか？

文法のポイント

1. 直接目的補語の代名詞(COD) → p.60

L'Insee le définit ainsi :

Insee はそれを、次のように定義しています。

Ils l'ont choisie pour s'affirmer.

彼らはそれを、自分自身を表現するために選びました。

2. 間接目的補語の代名詞(COI) → p.60

Il leur arrive souvent de former des communautés en dehors des centres-villes.

彼らはしばしば町の中心部の外にコミュニティを形成します。

Le directeur leur a commandé une création officielle pour cette biennale.

ディレクターは彼らにビエンナーレの公式作品を注文しました。

23

5 | L'immigration et la culture française

音声 5

On parle souvent des immigrés en France, alors que la définition du mot « immigré » semble un peu floue. En effet, l'Insee [1] le définit ainsi : il s'agit d'une part des gens étrangers nés à l'étranger mais qui vivent en France, et d'autre part, des gens nés en France mais qui possèdent une nationalité étrangère. Selon cette définition, les immigrés étaient 5,7 millions en 2012, soit 8,7% de la population totale. Et si on compte aussi la deuxième génération d'immigrés, c'est-à-dire les enfants de ceux qui se sont installés [2] en France, ils représentent 6,5 millions d'habitants soit 11% de la population totale. Au niveau des zones d'habitation, il leur arrive [3] souvent de former des communautés en dehors des centres-villes, dans les banlieues où le coût de la vie est parfois moins cher. On y observe [4] ainsi un clivage social inquiétant [5] à l'origine de plusieurs problèmes dans ces zones, tels que des infrastructures insuffisantes, un taux de chômage élevé, un taux de réussite moindre à l'école et parfois l'éloignement vis-à-vis de la culture française.

Pourtant, cette distance physique entre le centre-ville et les banlieues peut aussi devenir la base d'un nouvel essor pour la création artistique. C'est le cas de la danse contemporaine [6]. Depuis les années 1970, ce nouveau genre de l'art vivant [7] remet en cause la tradition académique et les conventions scéniques. Il a été notamment influencé par la street dance [8]. Dans les années 80, en France comme ailleurs, certains jeunes de

---

1) l'Insee : 国立統計経済研究所 (Institut national de la statistique et des études économiques)。
2) ceux qui se sont installés : そこに定住した者たち。s'installer は代名動詞 → p.59。
3) il leur arrive de 〜 : il arrive à A de B、A が B することがある。
4) on y observe 〜 : そこには〜が観察される。y は中性代名詞 → p.60。
5) un clivage social inquiétant : 憂慮すべき社会の断絶。
6) la danse contemporaine : コンテンポラリーダンス。
7) l'art vivant : パフォーミングアーツ。
8) la street dance : ストリートダンス。

24

banlieues, éloignés de la culture officielle et marginalisés par l'enseignement académique de l'art, ont été fascinés par la culture hip-hop [9] née chez les jeunes afro-américains des grandes villes américaines. Ils l'ont choisie pour s'affirmer et certains d'entre eux ont transposé cette danse populaire sur la scène officielle de la danse contemporaine.

C'est par exemple le cas de Kader Attou [10], issu d'une famille d'immigrés de la banlieue lyonnaise. Il a découvert la culture hip-hop par hasard à la télé. Lui et ses copains l'ont pratiquée pendant longtemps et ensemble, ils venaient souvent montrer leur danse dans le centre-ville de Lyon, si bien que [11] le directeur de la Biennale de danse de Lyon [12] leur a commandé un jour une création officielle pour cette biennale. Attou utilise beaucoup de gestuelles nées dans la rue pour évoquer des sujets universels d'une manière artistique. Par exemple, dans sa pièce, *The Roots* (2013), les mouvements désarticulés, saccadés de la break-dance traduisent efficacement l'interrogation perpétuelle, parfois douloureuse, autour de l'origine et la vie d'un homme anonyme.

Dans le sens inverse, la compagnie XY [13] sort des salles de spectacles pour transformer le paysage urbain par ses performances et son art. Dans le projet de spectacle « Les Voyages » (2017-), les acrobates de cette compagnie pénètrent dans les quartiers très populaires des villes. Ainsi, à Créteil, dans une des banlieues parisiennes, ces artistes ont transformé le quartier triste par leur magnifique art d'acrobatie avec des piliers ou des arches incarnés par plusieurs acrobates. Les habitants ont été aussi initiés à l'art du cirque, basé sur la confiance réciproque et le sentiment de solidarité entre les artistes et le public.

25

30

35

40

45

9) la culture hip-hop: ヒップホップカルチャー。
10) Kader Attou: カデル・アトゥ(1974-)。リヨン郊外出身の振付家、ダンサー。リヨン・ダンス・ビエンナーレで発表した《Athina》(1994)で、振付家として注目される。ヒップホップを芸術に昇華させる作品で評価が高い。
11) si bien que 〜: そして〜する。
12) la Biennale de danse de Lyon: リヨン・ダンス・ビエンナーレ。世界有数の規模を誇る、国際的なコンテンポラリーダンスフェスティバル。1980年から2年に1度開催されている。
13) la companie XY: カンパニー XY。2005年に結成された、現代サーカスのカンパニー。厳しい練習とメンバー間の信頼に基づく高度なアクロバットやバランス技をベースとした、メッセージ性の強い作品で人気が高い。

1. 次の文が正しければ V、誤りであれば F を書きなさい。

1	En France, la plupart des immigrés habitent dans le centre des villes.	
2	À cause des différences culturelles, il peut y avoir des problèmes avec les immigrés.	
3	La danse contemporaine est née de la street dance.	
4	Kader Attou a imposé le style de danse hip-hop à la tradition de la danse française.	
5	La danse contemporaine représente un cas de dialogue artistique entre la culture populaire et la culture académique.	

2. 語を正しい順番に並べて、日本語の文章と同じ意味の文章を作りなさい。

1）芸術は、他者を理解するための鍵を私たちにくれる。

l'art / autres / la clef / comprendre / donne / les / nous / pour

_____.

2）母の誕生日には、花束をプレゼントします。

l'anniversaire / un bouquet de fleurs / de / je / lui / ma mère / offre / pour

_____, _____.

3）きみは映画に行きたがっているけど、私はサッカーを見る方がいいな。

aller au cinéma / c'est / je / voir le match de foot / mais / préfère / qui / toi / veux / moi

_____, _____, _____.

3. 下線部の語を直接目的補語か間接目的補語にして、文章を書き換えなさい。

1）Je remercie le directeur, car je dois beaucoup à ce directeur pour mon succès.

_____

2）Tu as vu Paul ? Sinon, tu peux téléphoner à Paul tout de suite ?

_____

3）Il aime bien ce professeur, mais il n'a pas pris ses cours.

_____

6 | フランスの Manga ブーム

代名動詞、前置詞をともなう関係代名詞

マンガ・アニメグッズ専門店 Manga Story のリヨン店

introduction ....

　日本の漫画は世界的にブームですが、特にフランスに熱烈なファンが多いことを知っていますか？ バンド・デシネ (les bandes dessinées, 略称 BD) の伝統、50 年の歴史を誇るアングレームの国際漫画フェスティバルなど、フランスでは漫画が文化として認知される土壌がありました。大都市には漫画専門店が並び、近年ではフランスでデビューする日本人漫画家も、日本の月刊誌で連載するフランス人漫画家も現れました。漫画の日仏交流は新たな段階に入っています。

文法のポイント ....

1. 代名動詞 → p.59

50% des mangas achetés en Europe se sont vendus sur le marché français.

ヨーロッパで購入された漫画の 50% は、フランス市場で販売されました。

Ce goût s'explique par les différences de nature avec la bande dessinée franco-belge.

この嗜好は、フランス／ベルギーのバンド・デシネとの性質の違いから説明されます。

2. 前置詞をともなう関係代名詞 → p.61

La raison pour laquelle les Français aiment autant les mangas a des causes plus lointaines.

フランス人がこれほど漫画を愛するのには、もっと遠い原因があります。

Il continue à lire des auteurs belges de célèbres bandes dessinées parmi lesquelles la plus connue est Tintin.

彼はベルギー人作家の有名なバンド・デシネを読み続けているが、その中でも最も有名なのは『タンタン』だ。

6 La vogue du manga japonais en France

音声6

En Europe, quel pays compte le plus grand nombre de [1] lecteurs de mangas ? Réponse : la France. En 2015, 50 % des mangas achetés en Europe se sont vendus sur le marché français. Aujourd'hui, plus de 50 % des bandes dessinées que les Français lisent sont japonaises. Il existe ainsi à Paris comme dans d'autres villes de France des magasins spécialisés dans la vente de ce produit de culture japonaise, comme Manga Story [2], un lieu emblématique où se rencontrent les lecteurs férus [3] de *Naruto* ou encore de *One Piece*. Chez Tsume Store, on trouve une section de la boutique qui est faite pour les collectionneurs de figurines de mangas. Même dans les librairies traditionnelles, il n'est pas rare de trouver des rayons dont les étagères sont consacrées uniquement aux mangas japonais traduits en français.

Le marché du manga en France ne s'est pas seulement développé grâce à une conjoncture particulière, comme les confinements [4] récents à cause de la Covid-19 ou le Pass Culture [5]. Néanmoins, ces évènements ont eu un certain poids. Ainsi, le Pass Culture, lancé en 2019 par le gouvernement français, s'est étendu en mai 2021 à l'ensemble du territoire français. Il permet aux jeunes entre quinze et dix-huit ans de bénéficier d'un crédit de quelques centaines d'euros par an pour acheter, via une application mobile, des produits culturels (jeux vidéo, livres, tickets de musées et de

---

1) le plus grand nombre de ～:　最も数多くの～。最上級→ p.62
2) Manga Story:　マンガストーリー。日本アニメの関連商品の専門店。パリ 11 区の店舗は日本のマンガの専門店 Tsume Store(ツメストア)も近い。
3) férus de ～:　～に夢中な
4) le confinement:　(コロナ禍での)外出禁止。
5) le pass Culture:　パス・キュルチュール。フランス居住の 15 ～ 18 歳を対象とする国の文化支援。専用アプリ から 200 ～ 300 ユーロが支給され、書籍、DVD、楽器などの購入、文化施設への入場料等に使用できる。

cinéma). De sorte que les ventes de mangas en France se sont envolées depuis la mise en place de ce système.

Toutefois, la raison principale pour laquelle les Français aiment autant les mangas a des causes plus lointaines car il existe aussi en France une forte tradition de lectures de bandes dessinées. Ainsi, la génération des baby-boomers [6] français, née après-guerre, a lu et continue à lire des auteurs belges ou français de célèbres bandes dessinées parmi lesquelles les plus connues sont sans doute Tintin [7], ou Astérix [8]. Symbole de cette passion nationale, le Festival international de la bande dessinée se tient chaque année depuis 1974 à Angoulême [9]. Réservé principalement aux bandes dessinées françaises ou traduites dans cette langue, ce festival est le plus grand festival francophone de bandes dessinées au monde.

Alors, pourquoi les Français adorent-ils tout de même [10] le manga japonais ? Ce goût s'explique sans doute par les différences de nature avec la bande dessinée franco-belge, telles que les onomatopées ou les techniques proches de celles du cinéma avec des plongées et des contre-plongées. Enfin, le fait que [11] la plupart des personnages de mangas japonais ont des traits occidentaux permet aussi de rapprocher le dessin des lecteurs français. Cependant, il reste toujours dans le manga japonais une certaine différence, qui produit chez ses lecteurs occidentaux une sorte d'exotisme. Pourquoi ne pas tenter, vous aussi, d'écrire un manga pour un public francophone ?

---

6) des baby-boomers: ベビーブーマー。新生児の出生が特に多い 1946 年から 1974 年生まれの世代。
7) Tintin: タンタン。ベルギーの漫画家エルジェ作『タンタンの冒険』の主人公。1929 年から 1986 年まで続いた人気シリーズ。
8) Astérix: アステリックス。紀元前を舞台に、ガリアの小村の英雄アステリックスの活躍を描く人気のシリーズ。
9) Angoulême: アングレーム。フランス西部シャラント県の県都。毎年 1 月末に開催される国際漫画フェスティバル、フランス漫画博物館で知られている。
10) tout de même: それでも
11) le fait que 〜: 〜という事実

1. 次の文が正しければ V、誤りであれば F を書きなさい。

1	Le marché français du manga japonais n'est pas un marché très important en Europe.	
2	Seule la ville de Paris offre des boutiques et des librairies de mangas.	
3	Le marché du manga japonais a été stimulé par le Pass Culture.	
4	Le festival de la bande dessinée à Angoulême est essentiellement pour la production francophone.	
5	La bande dessinée franco-belge est très proche du manga japonais, ce qui explique le succès de ce dernier.	

2. 語を正しい順番に並べて、日本語の文章と同じ意味の文章を作りなさい。

1) これが彼が映画化した日本の漫画だ。

a / à partir / duquel / il / japonais / le manga / réalisé / son film / voici

_____.

2) フランスのいちばん有名な漫画で私たちがすぐ思いつくのは、アステリックスです。

à laquelle / Astérix / aussitôt / est / française / la bande dessinée / la plus célèbre / on pense

_____.

3) フランス人が注目する日本の漫画の特徴は、オノマトペとエキゾチシズムです。

auxquelles / du manga japonais / font attention / les caractéristiques / les onomatopées et l'exotisme / les Français / sont

_____.

3. ( )に指定の代名動詞を正しい形にして書き入れ、文章を完成させなさい。
それを日本語に訳しなさい。

1) Nous (　　　　) les mangas tous les quinze jours.　　　[se prêter]

2) Les bandes dessinées franco-belges (　　　　) souvent par la minutie de leurs dessins.

[se caractériser]

3) Avant de (　　　　), je lis toujours un roman historique.　　[se coucher]

7 | 国立パリ・オペラ座バレエ団

比較級、最上級

パリ・オペラ座内観

introduction

　絵画、音楽、文学、映画に加え、ダンスもフランスを代表する芸術です。1661年に起源を遡るパリ・オペラ座バレエ団は、現在も世界三大バレエ団とされ、パリのオペラ・ガルニエとオペラ・バスチーユの2劇場を拠点に、年間約40万人の観客を集めます。約150人の団員はカドリーユ、コリフェ、スジェ、プルミエール・ダンスーズ／プルミエ・ダンスールから頂点のエトワールまで5階級に分かれ、伝統の技術と現代的な表現力を磨きます。古典からコンテンポラリーまで多彩な演目を踊る彼らの身体は、ことば以上に雄弁です。

文法のポイント

1. 比較級 → p.62

Les premiers danseurs dansent les solos plus importants.

プルミエ・ダンスールはより重要なソロを踊ります。

Cette scène est aussi émouvante que la nomination d'une Étoile.

その光景は、エトワール任命と同じくらい感動的です。

2. 最上級 → p.62

Les danseurs les plus nombreux sont les quadrilles.

ダンサーで最も数が多いのは、カドリーユです。

Les Étoiles donnent toujours de leur mieux et restent les meilleurs danseurs et danseuses.

エトワールは常にベストを尽くし、最高のダンサーであり続けます。

7 Le Ballet national de l'Opéra de Paris

Savez-vous que la plus ancienne compagnie de ballet au monde existe en France ? C'est le ballet national de l'Opéra de Paris. Il a plus de 350 ans d'histoire. Il remonte à la fondation de l'Académie royale de danse [1] en 1661 par Louis XIV [2]. Le Roi-Soleil adore la danse et il paraît dans beaucoup de ballets de cour [3].

Aujourd'hui, la compagnie du ballet de l'Opéra de Paris compte environ 150 danseurs. Ils sont catégorisés selon un système hiérarchique très strict. Le grade le plus bas s'appelle « quadrille » puis viennent ensuite les grades de « coryphée » et de « sujet » avant d'arriver au grade de « première danseuse / premier danseur ». Les danseurs les plus nombreux sont les quadrilles parce que tous les danseurs doivent commencer par ce grade. En principe, les quadrilles et les coryphées dansent en groupe. Les sujets dansent le solo, mais aussi en groupe, alors que les premiers danseurs dansent les solos plus importants ou les rôles titres. Naturellement, tous rêvent de devenir un jour soliste, mais il est très difficile de monter ces grades. D'abord, il faut passer le concours interne [4]. De plus, cette chance n'est offerte qu'une fois par an ou plus rarement, car lorsqu'il n'y a pas de poste libre, le concours n'est même pas organisé.

Cependant, il existe un grade encore plus haut : l'« Étoile ». Les Étoiles, environ 10% de la compagnie, sont nommées par le directeur général de l'Opéra [5] quand leurs excellentes qualités artistiques sont reconnues. La

---

1) l'Académie royale de danse : 王立舞踊アカデミー。現在のパリ・オペラ座バレエ団の起源。
2) Louis XIV : ルイ14世（1638–1715）。絶対王政を確立し、太陽王と呼ばれた。
3) le ballet de cour : 宮廷バレエ。16世紀、17世紀にヨーロッパの宮廷で踊られた。
4) le concours interne : 内部昇進試験。
5) le directeur général de l'Opéra : オペラ座総裁。総裁の下に音楽部門監督と舞踊部門監督がいる。

nomination est toujours une grande surprise pour cette nouvelle Étoile ainsi que pour le public. Ainsi, en 2017, Hugo Marchand est nommé à Tokyo après avoir dansé le rôle de James dans « La Sylphide » [6]. C'est la troisième nomination à l'étranger, un évènement donc très rare.

25

Une fois nommées, les Étoiles donnent toujours de leur mieux et doivent rester les meilleurs danseurs et danseuses pour représenter l'école française [7] du ballet. Techniquement et artistiquement, ils continuent leurs efforts au service de la meilleure danse jusqu'à l'âge de la retraite fixé à 42 ans. Le dernier spectacle d'une Étoile, appelé « Adieux », rend hommage à sa carrière et finit par les applaudissements chaleureux sous les confettis en forme d'étoile. Cette scène est aussi émouvante que la nomination d'une Étoile.

30

À Paris, on peut assister au spectacle du ballet de cette compagnie soit au Palais Garnier [8], soit à l'Opéra Bastille [9]. Des grands classiques du XIXe siècle aux créations les plus contemporaines, le répertoire est d'une variété impressionnante. Et la compagnie commande souvent aux chorégraphes contemporains la réalisation de créations avec les danseurs. Au Japon, Saburo Teshigawara [10] est le seul chorégraphe sollicité déjà trois fois pour une réalisation différente. Ce travail d'expression contemporaine sublime la sensibilité artistique des danseurs et offre de nouvelles idées pour interpréter les pièces classiques. Voici le secret qui explique pourquoi le ballet de l'Opéra de Paris est à la fois la plus ancienne et la plus jeune compagnie de ballet au monde !

35

40

---

6) La Sylphide:《ラ・シルフィード》。1832 年にパリ・オペラ座で初演され、大流行したバレエ。スコットランドの農村に暮らすジェームズが、妖精シルフィードに恋して、現実世界の幸福を失う物語。

7) l'école française: フランス派、フランス・スタイル。

8) le Palais Garnier: ガルニエ宮（オペラ・ガルニエの別名）。ナポレオン 3 世の命を受け、シャルル・ガルニエの設計により 1875 年に開場した。

9) l'Opéra Bastille: オペラ・バスチーユ。オペラやバレエの普及のため 1989 年に開場した、近代的なオペラとバレエの劇場。

10) Saburo Teshigawara: 勅使川原三郎 (1953–)、東京を拠点とする世界的な現代ダンスのダンサー、振付家。パリ・オペラ座には、《Air》(2003)、《闇は黒い馬を隠す》(2013)、《グラン・ミロワール》(2017) を振り付けている。

1. 次の文が正しければ V、誤りであれば F を書きなさい。

1	Le Ballet national de l'Opéra de Paris est moins ancien que le Ballet Royal de Londres.	
2	Dans la hiérarchie de cette compagnie de ballet, le plus haut grade s'appelle « Étoile ».	
3	La nomination au grade d'Étoile ne se fait qu'en France.	
4	Saburo Teshigawara a été invité pour danser avec les danseurs de l'Opéra de Paris.	
5	Les danseurs les moins jeunes de la compagnie ont 42 ans.	

2. 語を正しい順番に並べて、日本語の文章と同じ意味の文章を作りなさい。

1) 私の親友は、私と同じくらい忍耐強い。

a / amie / autant de / ma / meilleure / moi / patience / que

_____ .

2) 彼は同僚よりたくさん働き、たくさん給料を稼いでいる。

collègues / et / gagne / il / mieux / plus / que / ses / travaille

_____ .

3) 今学期は、水曜より月曜の方が授業が多くあります。

cours / dans / plus de / j'ai / le lundi / que / le mercredi / ce semestre

_____ .

3. （　）に比較級か最上級を書き入れ、文章を完成させなさい。
それを日本語に訳しなさい。

1) (   ), c'est de ne jamais vous laisser décourager.

[important の最上級]

2) « La Sylphide » est un des ballets (   ) des Japonais.

[apprécié の最上級]

3) Le japonais est (   ) à écrire qu'à parler.　　　[difficile の比較級]

8 | ファッションとメセナの伝統

現在分詞、ジェロンディフ

©Iwan Baan, 2014
Caption : The Fondation Louis Vuitton

フォンダシオン ルイ・ヴィトン外観

introduction

　　フランスはファッション産業の盛んな国です。春と秋のファッション・ウィーク（日本ではパリコレクションとも呼ばれています）では、数々の伝説的なデザイナーが服飾を通して時代と個性を表現してきました。けれども 1990 年代から大企業グループがブランドを次々と買収し、現在はほぼ全てが 3 大グループ（LVMH、ケリング、リシュモン）の傘下にあり、デザイナーは親会社が任命しています。前衛的な創造への情熱は消えたのでしょうか？ それは、グループの現代美術の収集と普及に形を変えて生き続けています。

文法のポイント

1. 現在分詞 → p.55, 57

<u>Désirant</u> être un lieu d'échanges entre artistes et public, la Fondation organise des expositions d'art.

アーティストと観客の交流の場になることを<u>望んで</u>、フォンダシオンは美術展を開催します。

2. ジェロンディフ → p.59

<u>En fusionnant</u> plus de 70 marques, le groupe LVMH est devenu le premier groupe mondial.

70 以上のブランドを<u>合併したことで</u>、LVMH グループは世界 1 位のグループになりました。

Son architecture est très originale, <u>tout en restant</u> en harmonie avec ce bois élégant.

この優雅な森と<u>調和しつつも</u>、その建築は非常に独創的です。

8 La mode française et sa tradition de mécénat

音声 8

1   Hermès, Chanel, Louis Vuitton, Cartier, Christian Dior ou Yves Saint-Laurent. [1] Toutes ces grandes marques sont nées en France. Parmi elles, il y a des maisons avec plus d'un siècle d'histoire comme Hermès ou Louis Vuitton. D'autres maisons de haute couture sont nées dans le courant du

5   XXe siècle comme Chanel, Dior ou Saint-Laurent. En étant toujours sensibles à la beauté sous toutes ses formes, ces couturiers-fondateurs de marque étaient aussi très proches des artistes. Souvent, ils les soutenaient et s'inspiraient d'eux. Ils proposaient par exemple des styles innovants pour rendre les femmes plus belles et plus libres. Ainsi, depuis sa création,

10   chaque maison possède sa propre philosophie.

    Pourtant, avec l'arrivée des grands groupes d'entreprise, l'univers de la mode française a changé complètement de profil à la fin du XXe siècle. En fusionnant plus de 70 marques de luxe, à savoir Dior, Céline, Guerlain, le groupe LVMH [2] (Louis Vuitton-Moët Hennessy) est devenu le premier

15   groupe mondial dans ce domaine. Le chiffre d'affaire du groupe atteint 42,63 milliards d'euros en 2017. Cela fait de son PDG [3], Bernard Arnault, l'homme le plus riche d'Europe et la quatrième fortune mondiale après Jeff Bezos [4] ou Bill Gates [5] en 2018. Une autre holding [6] française, le groupe Kering [7], a fusionné les marques Yves Saint-Laurent, Boucheron,

20   Gucci pour se trouver deuxième après LVMH, avec un chiffre d'affaires de 15,5 milliards d'euros.

---

1) エルメス、シャネル、ルイ・ヴィトン、カルティエ、クリスチャン・ディオール、イヴ・サンローラン。いずれも創業者の名がついたフランスの皮革製品・服飾・コスメティックの高級ブランド。
2) LVMH: ルイ・ヴィトンと高級酒類を販売するモエ・ヘネシーが合併して生まれた企業グループ。
3) PDG = Président directeur général。（会社）社長。
4) Jeff Bezos: ジェフ・ベゾス(1964-)。インターネット販売 Amazon.com 創業者。
5) Bill Gates: ビル・ゲイツ(1955-)。Microsoft 社を 1975 年に共同で創業、2000 年まで CEO。
6) une holding: 持株会社。具体的な事業は行わず、他社の株式を所有して事業活動を管理し、利益を得る。
7) Kering: ケリング。LVMH と並ぶファッション界の企業グループ。

Mais le prix de cette stratégie de fusion, qui permet un marketing adéquat aux marchés globaux, est la disparition des caractéristiques de chaque marque. Pourtant, le respect de la tradition et la passion pour l'art restent toujours dans l'esprit de ces maisons, car leurs propriétaires sont toujours de grands mécènes [8]. La notion de mécénat est très importante dans la culture occidentale. Selon cette tradition, les riches soutiennent les artistes sans contrepartie directe ; ils partagent avec d'autres les plus belles œuvres d'art que l'humanité a réalisées.

En 2014, à l'initiative de Bernard Arnault, le groupe LVMH a inauguré la « Fondation Louis Vuitton » [9], un centre d'art contemporain dans le Bois de Boulogne [10]. Désirant être un lieu d'échanges et de réflexion entre artistes et public, la Fondation organise des expositions d'art, des concerts et des spectacles de danse. Son architecture, signée par Frank Gehry [11], est très originale, tout en restant en harmonie avec ce bois élégant qui a été aménagé à l'anglaise par Napoléon III [12].

Quant au groupe Kering, son fondateur François Pinault est considéré comme l'un des plus grands collectionneurs d'art contemporain. Pour exposer sa collection, ce dernier a décidé d'ouvrir en 2019 la « Bourse de Commerce [13], Collection Pinault », au cœur de Paris. Ce musée s'abrite dans le beau bâtiment d'une ancienne bourse de commerce construite au XIXe siècle. C'est un architecte japonais, Tadao Ando [14], qui s'occupe de la transformation de son intérieur, en s'inspirant de l'histoire du lieu. Pour votre part, connaissez-vous des entrepreneurs passionnés par l'art et par l'activité de mécène ?

8）un mécène : メセナ、芸術の庇護者。le mécénat は、メセナ活動。
9）la Fondation Louis Vuitton : フォンダシオン ルイ・ヴィトン、LVMHグループによる財団が運営する文化複合施設。
10）le Bois de Boulogne : ブローニュの森。パリ市の西側に位置する。
11）Frank Gehry : フランク・ゲーリー（1929-）。カナダ出身のアメリカの建築家。
12）Napoléon III : ナポレオン3世（1808-73）、第二共和制の大統領、第二帝政の皇帝。ナポレオン1世の甥にあたる。第二帝政期にパリを再開発し、現在の美しい都市景観を作り出した。
13）la Bourse de Commerce de Paris : パリ証券取引所。1986年に歴史的建造物に認定されている。
14）Tadao Ando : 安藤忠雄（1941-）。日本の建築家。独学で建築を学び、世界的に評価されている。

1. 次の文が正しければ V、誤りであれば F を書きなさい。

1	Pour les couturiers comme Chanel ou Saint-Laurent, la mode est une façon d'exprimer leur attitude vis-à-vis de la société.	
2	L'industrie du luxe est un secteur représentatif de l'économie française.	
3	Aujourd'hui, plusieurs marques de luxe sont regroupées en un groupe de holdings françaises.	
4	Les plus riches hommes d'affaires français essaient de partager leurs collections avec le public.	
5	Tadao Ando a été choisi pour construire entièrement la « Bourse de Commerce, Collection Pinault ».	

2. 語を正しい順番に並べて、日本語の文章と同じ意味の文章を作りなさい。

1) 彼は、海外でのプロジェクトに参加しながら、日本で仕事をしている。

à l'étranger / il / en participant / aux projets / au Japon / travaille / tout

_____.

2) メセナに関心のある日本の実業家はいますか？

activités / aux / de mécène / des hommes d'affaires / il y a / japonais / s'intéressant

_____?

3) 節約をして、彼女はパリに旅行に出かけました。

à Paris / des économies / elle / est partie / en faisant / pour / un voyage

_____, _____.

3. （　）に指定の動詞をジェロンディフにして書き入れ、文章を完成させなさい。
それを日本語に訳しなさい。

1) (　　　　　　　) des vêtements masculins, Saint-Laurent a proposé le smoking pour les femmes. 　　　　[s'inspirer]

2) On peut admirer les œuvres d'art tout (　　　　　　　) la belle architecture de ce musée. 　　　　[apprécier]

3) (　　　　　) ta carte d'étudiant sur toi, tu pourras profiter de la réduction à l'entrée du musée. 　　　　[prendre]

38

9 2050 年、フランス語の話者 7 億人 !?

代名詞 en, y, le

国際フランコフォニーの日には、日本でもフランコフォニーのイベントが催される
（写真提供: アンスティチュ・フランセ東京）

introduction

　フランス語を学ぶことは、英語と異なる視点で世界を発見することにほかなりません。ヨーロッパ、北米、アフリカにフランス語話者のコミュニティがあり、フランス語で結ばれた多様な社会、文化が広がっています。日本にいながら、フランコフォンの世界に入ることもできます。フランス語圏の国のニュースや人気番組を放送する **TV5 MONDE** は日本版が視聴可能です。毎年 3 月 20 日の国際フランコフォニーの日には、アンスティチュ・フランセなどでフランコフォニーの文化を紹介するイベントが開催されています。

文法のポイント

1. 中性代名詞 en → p.60
Léopold Sédar Senghor en précise mieux le sens.
レオポルド・セダール・サンゴールは、その意味をより明確にしています。

2. 中性代名詞 y → p.60
Peut-être voudrez-vous y participer ?
あなたもそこに参加してみませんか。

3. 中性代名詞 le → p.61
La place du français est beaucoup plus importante qu'on ne l'imagine.
フランス語の地位は、私たちが想像しているよりずっと重要です。

9 700 millions de francophones en 2050 !?

Savez-vous avec combien de personnes vous pouvez communiquer en français dans le monde ? La réponse : en 2018, avec environ 300 millions de personnes. Cela fait du français la 5ᵉ langue la plus parlée au monde. La place du français est beaucoup plus importante sur le plan économique et technologique qu'on ne [1] l'imagine et avec la démographie, cette importance va devenir encore plus forte. À l'horizon 2050, on prévoit 700 millions d'hommes et de femmes comme locuteurs francophones dans le monde. Ainsi, près de 8% de la population mondiale parlera français, soit une personne sur 13. Géographiquement, l'Afrique en représentera le plus fort pourcentage.

Le monde des locuteurs francophones est très dynamique. On l'appelle « francophonie ». Le terme n'est pas nouveau, car c'est le géographe français Onésime Reclus [2] qui l'a inventé vers 1880. Puis, l'expression se diffuse dans les années soixante et elle fait son apparition dans *Le Larousse* [3] en 1962. Le dictionnaire en donne la définition suivante : l'ensemble des peuples parlant le français. Le poète et président du Sénégal, Léopold Sédar Senghor [4], en précise mieux le sens : la francophonie est la conscience de partager une langue et une culture commune. Il s'agit donc d'un monde qui s'étend au-delà des frontières, qui partage certaines valeurs humanitaires et qui recouvre une diversité culturelle impressionnante.

---

1) ne : 虚辞の ne。従属節の中で用いられ、否定の意味をもたない。
2) Onésime Reclus : オネジム・ルクリュ(1837–1916)。フランスの地理学者、フランスの植民地の国々を研究した。
3) Le Larousse : ラルース事典。文法学者ピエール・ラルースが 1852 年に設立したラルース書店から出版されている、フランスの代表的な百科事典。
4) Léopold Sédar Senghor : レオポール・セダール・サンゴール(1906–2001)。セネガル共和国の初代大統領。詩人でもあり、アフリカから初めてアカデミー・フランセーズの会員に選ばれた。

Ces différences s'y expriment justement grâce à une langue française variée, plurielle bien que commune à des pays du monde entier. Par exemple, elle comporte plusieurs accents comme l'accent québécois [5] ou belge. Il existe aussi des expressions différentes entre le français de la métropole [6] et les autres régions francophones du monde. Par exemple, en québécois, on utilise le verbe « déjeuner » alors que le français métropolitain dit « prendre son petit déjeuner ». Et « dîner » et « souper » au Québec veulent dire respectivement « déjeuner » et « dîner » en français standard. En Suisse francophone, c'est l'ancienne façon de compter en français qui est utilisée : septante, huitante et nonante. Enfin, on constate également le mélange du français standard avec des langues locales, comme dans le cas du « créole » [7].

Cette variété se retrouve naturellement au niveau institutionnel. Il y a d'abord les États où le français est la langue maternelle. Comme vous le savez peut-être, on y compte, outre la France et ses DROM-COM [8], le Québec, la Suisse romande, une partie de la Belgique. Il y en a au total 29. 13 États reconnaissent le français comme langue officielle et 16 comme langue co-officielle [9]. Depuis 1970, ils constituent l'OIF [10] (Organisation Internationale de la Francophonie) et en 2016, on compte 84 pays et régions y participant. Le Japon n'en fait pas partie, mais on y fête tous les ans, comme dans d'autres pays, la Journée internationale de la francophonie [11] le 20 mars dans les divers instituts français de l'archipel. À l'avenir, peut-être voudrez-vous y participer ?

---

5) québécois : Québec の形容詞、ケベックの。カナダ東部のケベック州は 17 世紀から入植したフランス人コミュニティを基盤に発展した。フランス語を公用語とする。

6) la métropole : フランス本土。

7) le créole : クレオール。ヨーロッパ諸言語と、植民地の住民が用いる言語との混成語。

8) les DROM-COM : 海外県地域圏と海外自治体 (les Collectivités d'outre-mer)。

9) une langue co-officielle : 準公用語。

10) l'OIF : フランコフォニー国際機関。1970 年 3 月 20 日にアフリカのフランス語使用国が中心となって設立、2 年に 1 回サミットを行う。フランス語を公用語としない国もオブザーバー国として参加している。

11) la Journée internationale de la francophonie : 国際フランコフォニーの日。

1. 次の文が正しければ V、誤りであれば F を書きなさい。

1	Léopold Sédar Senghor est l'inventeur du terme de « francophonie ».	
2	Au sein de la francophonie, la langue française est multiforme.	
3	En 2018, la francophonie compte déjà près de 700 millions de locuteurs.	
4	L'Afrique concentrera, à l'horizon 2050, la majorité des francophones.	
5	Le Japon fête la Journée internationale de la francophonie, car il est membre de l'OIF.	

2. 語を正しい順番に並べて、日本語の文章と同じ意味の文章を作りなさい。

1) 家で作ったクスクスですよ、好きなだけ食べて下さい！

autant que / du couscous / en / maison / prenez / voici / vous / vous / voulez

_____ , _____ !

2) フランス語は、あなたが考えているよりもずっと大きな可能性を持っています。

a / beaucoup / croyez / la langue française / le / plus grand que / un potentiel / vous

_____ .

3) 私はいつも大学の授業に出席して、それを最大限に活用しています。

à / assiste / au maximum / des cours universitaires / en / j' / pour / profiter / toujours

_____ .

3. 下線部を代名詞にして、（　）に書きなさい。それを日本語に訳しなさい。

1) Tu as <u>des amis francophones</u> ? — Oui, j' (　　　) ai beaucoup en Afrique mais peu en Belgique.

2) Avez-vous déjà pensé <u>à ce risque</u> ? — Non, je n' (　　　) ai jamais pensé.

3) Vous savez <u>qu'Annie a été nommée directrice</u> ? — Non, je ne (　　　) savais pas.

10 テレワーク、理想の働き方？

条件法現在、条件法過去

外出禁止令下、街から人通りが消えた（写真提供：トリコロル・パリ）

introduction ···

　　Covid-19（新型コロナウィルス感染症）の世界的大流行は、数か月の間に私たちの日常の風景を一変させてしまいました。なかでも急激なテレワークへの移行によって、生活と仕事の関係は大きく変化しました。フランスでは 2020 年 3 月 17 日に大統領がフランス全土に外出禁止令を発令しましたが、5 月 11 日の解除後も、ワークライフバランスの観点から大多数の人がテレワークの継続を希望しているという調査結果もあります。しかしさまざまな角度から検討したとき、テレワークは雇用者にとって完全に理想的な働き方と言えるのでしょうか？

文法のポイント ···

1. 条件法現在 → p.55, 58

Elle permettrait de réduire les frais de location d'immeuble.

それは、建物賃料の減額を可能にするだろう。

2. 条件法過去 → p.56, 58

S'il n'y avait pas eu la pandémie, la généralisation du travail à distance n'aurait pas été aussi visible.

パンデミックが起きなかったら、テレワークの一般化はこれほど明白にならなかっただろう。

Qui aurait pu prévoir cette évolution ?

誰がこうした進展を予想できただろうか？

10 | Le télétravail : une organisation idéale du travail ?

S'il n'y avait pas eu la pandémie de la Covid-19, la généralisation du travail à distance n'aurait sans doute pas été aussi visible et n'aurait pas autant forcé beaucoup d'entreprises de toutes tailles à l'adopter à travers le monde. En effet, qui aurait pu prévoir, il y a quelques années, cette évolution accélérée du travail dans les pays industrialisés due à la nécessité d'adopter des règles sanitaires en temps de crise ?

On aurait pu penser le contraire [1], mais l'adoption de ces outils numériques [2] a été rapide et générale. Surtout, les dysfonctionnements ont été réduits dans la plupart des cas. Par exemple en France, en l'espace d'une semaine [3], – la semaine du 16 mars 2020, date du début du confinement [4] et de la fermeture des écoles – des millions de cadres, de salariés, de commerciaux et de consultants ont été obligés de travailler à domicile via le télétravail. Et de leur côté, les salariés ont plébiscité souvent le télétravail. Il leur a permis une meilleure qualité de vie. Finies, les pertes de temps dans les transports ; terminé, le stress des relations directes dans l'open-space traditionnel avec les collègues : les horaires sont devenus plus flexibles et ont permis souvent de mieux équilibrer vie professionnelle et vie privée. Du côté des patrons, cette nouvelle organisation présente aussi certains avantages. Elle permettrait de réduire les frais de location d'immeubles où se trouvent les bureaux et aussi d'envisager des délocalisations dans des pays à moindre coût [5] salarial. Pour le secteur tertiaire [6], le télétravail pourrait finalement

---

1) On aurait pu penser le contraire: 過去の予想に反して。
2) des outils numériques: デジタル機器。
3) en l'espace de 〜: 〜の間に。
4) le confinement: 自宅待機、外出禁止令。
5) à moindre coût: もっと安価なコストの。
6) le secteur tertiaire: 第三次産業部門。

devenir la norme. En France, 84% des télétravailleurs déclarent vouloir continuer à télétravailler, surtout les salariés des grandes entreprises.

Toutefois, bien rares sont les emplois [7] qui se prêtent entièrement à cette forme de travail dématérialisé. Dans les activités industrielles pour lesquelles les allers et retours entre le travail théorique et l'usine sont importants et où le retour d'expérience est crucial, le télétravail s'adapte mal à la production et au contrôle des produits sur les chaînes de production [8].

Mais ce sentiment de liberté que donnerait le télétravail s'avérerait dans d'autres cas être une illusion car cette forme de travail revêt aussi une face cachée. La crainte d'une perte de productivité, les peurs au sujet de [9] la sécurité des données ont poussé des entreprises à mettre en place des systèmes de contrôle des activités des salariés. Ainsi, plusieurs employés ont relevé la présence illicite de logiciels espions – *spywares* [10] – qui permettent de suivre en temps réel leurs activités sur leur ordinateur professionnel. Les employés pourraient ainsi plus facilement être surveillés par leur direction.

Au niveau personnel, les télétravailleurs ont aussi vu la désillusion s'installer [11]. L'absence de communication directe a ralenti souvent la synergie et la cohérence d'équipe. Plusieurs études alertent aussi sur les risques psychosociaux du télétravail. Le manque de contact prolongé engendre souvent chez les salariés une impression de solitude psychologique et de manque d'aide, notamment à cause de la difficulté de contacter physiquement les syndicats d'entreprise. Selon vous, quelle serait alors la façon idéale de travailler en entreprise ?

25

30

35

40

45

---

7) bien rares sont les emplois…: 主語の属詞となる形容詞が強調のために文頭に置かれ、主語が倒置されていることに注意。副詞 bien は形容詞を修飾する。
8) les chaînes de production: 生産ライン。
9) au sujet de 〜: 〜に関する。
10) le spyware: スパイウェア。PC内でユーザー情報を無断で収集し、情報収集者に自動的に送信するソフトウェア。
11) voir A B: A が B するのを目撃する、体験する。

1. 次の文が正しければ V、誤りであれば F を書きなさい。

1	La pandémie de la Covid-19 a ralenti la généralisation du télétravail en France.	
2	Pour certains employés, grâce au télétravail, la relation entre vie privée et vie professionnelle a été mieux équilibrée.	
3	Le télétravail ne présente que des aspects négatifs pour les entreprises.	
4	Pour l'industrie, le recours au télétravail a des conséquences beaucoup plus mitigées.	
5	Selon plusieurs études, le télétravail permet aussi de fortifier l'esprit de groupe.	

2. 語を正しい順番に並べて、日本語の文章と同じ意味の文章を作りなさい。

1) もし時間があれば、一日中小説を読んで過ごすのに。

à lire / avais / des romans / du temps / entière / j' / je / passerais / si / une journée

_____ , _____ .

2) 彼は、相反する二つの利害の対立を避けたいと思っている。

aimerait / bien / entre / éviter / il / le conflit / les deux intérêts opposés

_____ .

3) あなたに私のリサーチ・プロジェクトを支持していただければ嬉しいのですが。

de recherche / heureux / je / mon projet / pouviez / serais / si / soutenir / vous

_____ .

3. （ ）に指定の動詞を条件法にして書き入れ、文章を完成させなさい。
それを日本語に訳しなさい。

1) Au cas où vous ne me (   ) pas à l'aéroport, téléphonez-moi.　[retrouver]

2) Nous (   ) bien profiter des technologies pour améliorer nos conditions de vie.　　　　　　　　　　　　　　　　　　　　　　　[vouloir]

3) Si elle avait travaillé plus sérieusement, elle (   ) mieux rémunérée.

[être]

11 | 文学大国・フランス

接続法現在、接続法過去

©Holger Motzkau (licensed under CC SA 3.0)
©Frankie Fouganthin (licensed under CC SA 4.0)

(左)ル・クレジオ　(右)パトリック・モディアノ

introduction

　フランスでは、国家の成立と言語の規範化は深く結び付いています。ルイ14世は、文芸の洗練、文法の整備、フランス語辞典の編集を命じ、現在も続くフランス語の基盤が作られました。そのため、現在のフランス語を学べば、数百年前の文章も読むことができるのです。言語をたんなる道具ではなく、芸術、学問として捉える伝統は、15人のノーベル文学賞受賞者を生みました。そして体系的な言語把握が論理的思考を育むことは、理系分野の多くの受賞者(物理学賞13人、化学賞9人、医学・生理学賞10人)にも現れているのではないでしょうか。

文法のポイント

1. 接続法現在 → p.55, 58

Bien que les médias ne <u>prennent</u> pas trop conscience de ce phénomène, ...

メディアはこの現象にあまり注意を払わないけれども、…。

La langue française exige que l'on <u>soit</u> rationnel.

フランス語は、私たちが合理的であることを求める。

2. 接続法過去 → p.56, 58

Il semble que l'exemple de Sully Prudhomme <u>ait fait</u> de nombreux émules.

シュリ・プリュドムの例は、数多くの追従者を生んだように思われる。

11 La France, grande nation littéraire

En automne 2019, l'Académie suédoise [1] a attribué deux prix Nobel [2] en littérature. Le premier, pour l'année 2018, à la Polonaise Olga Tokarczuk [3] et le second à l'écrivain autrichien Peter Handke [4]. Ce dernier a reçu la nouvelle dans sa maison de la région parisienne. Car le nouveau prix Nobel de littérature vit en France depuis 20 ans, soulignant ainsi symboliquement les liens privilégiés qu'entretient la littérature avec la France, son pays d'adoption. Il faut le rappeler mais c'est un poète français, Sully Prudhomme [5], qui s'est vu attribué le tout premier prix Nobel de littérature en 1901. C'est donc à un Français que revient l'honneur d'avoir inauguré la longue liste des lauréats du prix Nobel de littérature. Or il semble que l'exemple de Sully Prudhomme ait fait de nombreux émules. En effet, avec 16 prix sur 115, les auteurs français constituent à ce jour la nation la plus nobélisée au monde en littérature. Bien que les maisons d'éditions et les médias étrangers ne prennent pas trop conscience de ce phénomène, la littérature et la langue française ont été et restent toujours des facteurs déterminants dans la constitution de l'identité de la France. Et au XXIᵉ siècle, il n'est pas à craindre que cette tendance disparaisse : déjà trois auteurs français, Jean-Marie Le Clézio [6] en 2008, Patrick Modiano [7] en 2014 et, en 2022, Annie Ernaux [8], ont reçu le prestigieux prix. Pourquoi la France est-elle donc à ce point une nation littéraire ?

1) l'Académie suédoise: スウェーデン・アカデミー。1786 年に国王グスタフ 3 世がアカデミー・フランセーズに倣い設立。ノーベル文学賞の選考も行う。
2) le prix Nobel: ノーベル賞。ダイナマイトの開発者アルフレッド・ノーベルの遺言により 1901 年に設立。
3) Olga Tokarczuk: オルガ・トカルチュク(1962–)。現代ポーランドを代表する作家。小説、エッセイ、詩も書く。
4) Peter Handke: ペーター・ハントケ(1942–)。現代ドイツ語圏文学を代表する作家。フランス文学も翻訳する。
5) Sully Prudhomme: シュリ・プリュドム(1839–1907)。近代社会の心の問題を扱う哲学詩を多く書いた。
6) Jean-Marie Gustave Le Clézio: ジャン=マリ・ギュスターヴ・ル・クレジオ (1940–)。ヌーヴォーロマンから出発し、脱西欧的思考の小説、評論を執筆する。
7) Patrick Modiano: パトリック・モディアノ(1945–)。現実と追憶とが交錯する独特の謎めいた作風を持つ。
8) Annie Ernaux: アニー・エルノー(1940–)。フランス女性初のノーベル文学賞受賞者。個人的な記憶と社会の現実が交錯するオートフィクションを得意とする小説家。

C'est au XVIe siècle que se met en place cette union très forte entre la constitution d'un pays moderne et l'importance de la langue nationale. L'essor d'une nation centralisée, autour d'un roi et surtout de son efficace administration fait triompher le français, alors appelé langue « vulgaire »[9], la langue du commun des hommes. Ici, le roi François I[er][10] (1494 à 1547), aussi protecteur de Léonard de Vinci[11], joue un rôle décisif car il souhaite que la langue française devienne la langue de tous les actes administratifs de son royaume. En août 1539, ce roi promulgue l'Ordonnance de Villers-Cotterêts[12], le plus ancien texte législatif toujours en partie en vigueur en France. Avec elle, le français devient alors langue officielle et l'emporte sur le latin – la langue de l'Église – et aussi les multiples langues régionales du royaume. Cet acte permet encore d'uniformiser linguistiquement l'espace géographique du Royaume. Un siècle plus tard, en 1635, la fondation de l'Académie française[13], institution d'État et, en 1694, la première édition du *Dictionnaire de l'Académie française* prolongent ce mouvement et vont faire en sorte que la langue française devienne une langue normalisée.

Au XVIIIe siècle, à l'époque des Lumières, la langue française est vue comme une langue claire, belle et propre à l'expression des écrivains, même étrangers, et de leurs idées. En Europe, il n'est pas alors de membre de l'élite qui ne sache parler ni n'écrive en français.

Une bonne maîtrise de cette langue est enfin perçue comme une manière de comprendre la réalité dans toute sa complexité. Elle exige que l'on soit rationnel, analytique et compréhensif. Cette discipline, que les Français acquièrent à travers la maîtrise de leur langue et de la littérature, permet ainsi paradoxalement de se forger aussi un esprit scientifique.

---

9) la langue vulgaire: 俗語、一般大衆の言語。ラテン語に対して用いられた。

10) François Ier: フランソワ 1 世（1494–1547）。絶対王政の強化に努めると同時に、文芸を保護し、イタリアのルネサンス文化を積極的に移入した。

11) Léonard de Vinci: レオナルド・ダ・ヴィンチ（1452–1519）。イタリアのルネサンス期を代表する芸術家。

12) l'Ordonnance de Villers-Cotterêts: ヴィレル・コトレ勅令。すべての行政文書をラテン語や地域言語ではなくフランス語で書くことを命じた条項を含む勅令。失効していない法としては、フランス最古の法。

13) l'Académie française: アカデミー・フランセーズ。1635 年、国王ルイ 13 世の勅令により設立。フランス語の擁護、純粋性の保持、慣用の確立を任務とし、言語学者、文学者からなる 40 人の終身会員で構成される。

1. 次の文が正しければ V、誤りであれば F を書きなさい。

1	C'est un français qui a reçu en 1901 le premier prix Nobel de littérature.	
2	Les Anglais sont, en littérature, la nation la plus nobélisée.	
3	En France, la formation d'un pays centralisé a favorisé les dialectes.	
4	Le but du *Dictionnaire de l'Académie française* est de normaliser la langue.	
5	En France, la maîtrise de la langue et l'esprit scientifique sont vus comme contradictoires.	

2. 語を正しい順番に並べて、日本語の文章と同じ意味の文章を作りなさい。

1) 私はすぐに出発しなければいけません。

faut / immédiatement / il / je / parte / que

_____.

2) すぐに回復されることをお祈りしています。

je / promptement / que / vous / souhaite / vous rétablissiez

_____.

3) フランス語が上達するように、彼は私に辞書をくれる。

des progrès / fasse / il / je / m'offre / un dictionnaire / pour que / en français

_____.

3. (　)に動詞を接続法にして書き入れ、文章を完成させなさい。
それを日本語に訳しなさい。

1) Bien qu'ils (　　　　　　　) souvent, ils s'entendent finalement bien.

[se disputer]

2) Je ne crois pas qu'il (　　　　　　) ce propos de l'écrivain et essayiste
Rivarol : « ce qui n'est pas clair n'est pas français. »　　[connaître]

3) Le professeur a beaucoup entraîné son élève afin qu'il (　　　　　　)
une bourse d'études.　　[obtenir]

12 "パリテ"の現状と課題

動詞の時制のまとめ、直説法現在のさまざまなニュアンス

国民議会の議場

introduction ··

　「パリテ」はフランス語で男女の同数を意味する、ジェンダー平等に向けた取り組みのキーワードです。ジェンダー平等の実現は、2015年に国連サミットで採択されたSDGs（国連加盟193カ国が2016年から2030年までに達成を目指す17の目標）のひとつです。毎年、世界経済フォーラムは、経済、政治、教育、健康の分野における男女格差を測るジェンダー・ギャップ指数を発表していますが、日本は特に経済と政治の分野で非常に遅れていることが知られています。パリテの実現のために、世界、そしてフランスではどのような取り組みがなされてきたのでしょうか？

文法のポイント ··

直説法現在のさまざまなニュアンス

La Finlande adopte en 1906 le suffrage universel tout en permettant aux femmes de se présenter.

フィンランドは1906年に普通選挙を可決し、同時に女性の立候補を認めました。

L'étude 2020 du Forum économique mondial vient de nous donner les derniers chiffres.

世界経済フォーラムの2020年の調査は、私たちに最新の数字を示したところです。

12 Parité et disparités : un bilan contrasté

Un thème qui envahit le débat public depuis plusieurs années dans les pays avancés est celui de la parité entre les hommes et les femmes dans de nombreux domaines. L'étude 2020 du Forum économique mondial [1)] vient de nous donner les derniers chiffres dans divers secteurs. Comme il fallait s'y attendre, les résultats sont contrastés selon les activités et les pays, de sorte que de très nombreux efforts restent encore à accomplir.

Selon cette étude, il faudrait attendre encore presque 100 ans pour que, dans le domaine de la politique, on assiste au niveau mondial à une égalité de représentation entre les hommes et les femmes. Ainsi, aujourd'hui, seulement 20% des postes de ministres sont actuellement occupés dans le monde par des femmes. En France, en 2000, la proportion de femmes à l'Assemblée nationale et au Sénat [2)] était respectivement de 11 et 6%. En 2017, ces chiffres sont passés à 39% et 32%, traduisant ainsi une amélioration encourageante. C'est que, depuis 2007, plusieurs lois françaises imposent la parité homme-femme sur les listes des candidats et l'alternance lors des élections. En guise de [3)] comparaison, ce nombre tombe à 10% en 2019 pour le nombre de femmes parlementaires au Japon, bien que ce problème soit un des chevaux de bataille [4)] du gouvernement japonais depuis plusieurs années avec notamment la promulgation d'une loi en faveur de la parité politique en mai 2018. Et dans ce domaine, les

---

1) le Forum économique mondial: 世界経済フォーラム。1971 年設立、スイスを本拠地とし、政治、経済、学究等の世界的リーダーの連携によって世界情勢の改善に取り組む国際機関。
2) l'Assemblée nationale, le Sénat: フランスの議会制度は、下院の国民議会 (l'Assemblée nationale) と上院の元老院 (le Sénat) で構成される。
3) en guise de 〜: 〜として。
4) un des chevaux de bataille de 〜: 〜の得意な話題 (いつも持ち出す要求)。日本では 2018 年 5 月 23 日に衆議院、参議院および地方議会の選挙において、男女の候補者数ができる限り均等となることなどを基本原則とする「政治分野における男女共同参画の推進に関する法律」が公布・施行された。

meilleurs élèves sont les pays d'Europe du Nord. Sans doute, les continuités historiques permettent encore d'expliquer en partie cette évolution et ces disparités.

Ainsi, c'est seulement en 1945 que les femmes obtiennent le droit de voter en France alors qu'elles l'ont obtenu dès 1893 en Nouvelle-Zélande ou en 1901 en Australie. En Europe, ce sont les pays baltiques qui font déjà figure de référence et de précurseurs. La Finlande adopte en 1906 le suffrage universel [5] tout en permettant aux femmes de se présenter. Avant la fin de la Première Guerre mondiale, la Norvège et le Danemark et, en 1917, la Russie, accordent à leur tour le droit de vote aux femmes.

Reste que [6] le domaine politique pourrait offrir une image en trompe-l'œil des progrès réalisés. Le domaine du travail est indéniablement le secteur de la société où les disparités restent les plus tenaces. Il permet ainsi un véritable diagnostic de la parité réelle dans la société. Or, si dans certains domaines comme la justice ou la médecine, les femmes ont de plus en plus tendance à être mieux représentées ; de manière générale, dans les domaines scientifiques, les femmes restent largement sous-représentées. Et cette tendance s'accélère dans les activités émergentes comme le cloud computing [7], l'ingénierie et l'intelligence artificielle [8], où les femmes sont très peu présentes.

Tous domaines confondus, le Japon demeure à la traîne des autres pays sur cette question de la parité. En 2019, selon le rapport du Forum économique mondial, il figurait à la 121e place (sur 153 pays) en termes d'égalité hommes-femmes. Quant à elle, la France se place au 15e rang, derrière l'Espagne (8e rang) mais loin devant les États-Unis qui figurent seulement au 53e rang.

5) le suffrage universel : 普通選挙。
6) Reste que 〜 : それでもやはり〜は事実だ。
7) le cloud computing : クラウドコンピューテイング、クラウドサービス。
8) l'intelligence artificielle : AI、人工知能。フランス語では IA。

1. 次の文が正しければ V、誤りであれば F を書きなさい。

1	Les progrès dans le domaine de la parité homme-femme sont très importants.	
2	En France, dans le domaine politique, les lois en faveur de la parité homme-femme ont joué un rôle évident.	
3	La loi de 2018 pour la parité politique a eu des effets peu visibles jusqu'à présent au Japon.	
4	C'est en Nouvelle-Zélande que, pour la première fois dans un pays, les femmes ont obtenu le droit de voter.	
5	Dans les domaines scientifiques, comme dans les domaines de la médecine et de la justice, les femmes sont bien représentées.	

2. 語を正しい順番に並べて、日本語の文章と同じ意味の文章を作りなさい。

1) 新しい技術が、政治を変化させつつあります。

changer / en train de / la politique / les nouvelles / sont / technologies

_____ .

2) 少し前から公共圏では、パリテに関する議論が盛んです。

a envahi / depuis / le débat / l'espace public / la parité / quelque temps / sur

_____ .

3) フランスでは、政界における女性の割合が着々と増加しています。

augmente / dans /de femmes /en France / la politique / la proportion / régulièrement

_____ .

3. （　）に動詞を適切な形にして入れなさい。それを日本語に訳しなさい。

1) Si il n'y (　　　　　　　) pas des lois en faveur de la parité en France, le nombre de femmes (　　　　　　　) moins élevé en politique.　　[avoir] [être]

2) Dans les pays nordiques, depuis longtemps, il (　　　　　　　) souvent d'avoir des candidates en politique.
　　　　　　　　　　　　　　　　　　　　　　　　　　　　　　[arriver]

3) Au Japon, bien que le gouvernement (　　　　　　　) fait du problème de la parité une priorité, les progrès ne (　　　　　　　) pas encore au rendez-vous.
　　　　　　　　　　　　　　　　　　　　　　　　　　　　　[avoir] [être]

動詞のまとめ

不定詞(不定法、原形)の形

語尾が -er のものが約 9 割を占める。他の語尾は -ir, -re など

分詞のつくり方

● **過去分詞**

① -er 動詞では -r を除き e を é にする (travailler → travaillé)　② -ir 動詞では -r を除く (finir → fini)　③ 不規則な変化 (être → été, avoir → eu, faire → fait, venir → venu, voir → vu など)

● **現在分詞**

直説法現在の nous の活用から -ons を取り、-ant をつける

動詞の単純時制の活用： 語幹(変化しない部分)＋活用語尾

● **直説法現在形**

不定詞が -er で終わる動詞は、-er を取った語幹に主語に応じた活用語尾を付ける(第一群規則活用)

《活用語尾》

je	-e	nous	-ons
tu	-es	vous	-ez
il/elle	-e	ils/elles	-ent

《例》aimer　《語幹》aim

j'aime	nous aim**ons**
tu aim**es**	vous aim**ez**
il/elle aime	ils/elles aim**ent**

不定詞が -ir で終わる動詞の多くは規則的な活用(第二群規則活用)をするが、第二群規則活用と異なる活用の動詞もあることに注意(venir, voir, partir など)

● **直説法単純未来形**

語幹は、-er 動詞、-ir 動詞から -r を除いたもの。不規則動詞は例外が多い

活用語尾はすべての動詞に共通(動詞 avoir の直説法現在の活用語尾に似る)

《活用語尾》

je	-rai	nous	-rons
tu	-ras	vous	-rez
il/elle	-ra	ils/elles	-ront

《例》aimer　《語幹》aime

j'aime**rai**	nous aime**rons**
tu aime**ras**	vous aime**rez**
il/elle aime**ra**	ils/elles aime**ront**

● **直説法半過去形**

語幹は直説法現在形の nous の活用から -ons を除いたもの。例外は、ét-(← être)

活用語尾はすべての動詞に共通

《活用語尾》

je	-ais	nous	-ions
tu	-ais	vous	-iez
il/elle	-ait	ils/elles	-aient

《例》aimer　《語幹》nous aim~~ons~~ → aim

j'aim**ais**	nous aim**ions**
tu aim**ais**	vous aim**iez**
il/elle aim**ait**	ils/elles aim**aient**

● **条件法現在形**

語幹は単純未来形の語幹と同じ

活用語尾はすべての動詞に共通(r ＋直説法半過去形の活用語尾)

《活用語尾》

je	-rais	nous	-rions
tu	-rais	vous	-riez
il/elle	-rait	ils/elles	-raient

《例》aimer　《語幹》aime

j'aime**rais**	nous aime**rions**
tu aime**rais**	vous aime**riez**
il/elle aime**rait**	ils/elles aime**raient**

● **接続法現在形**

語幹は、直説法現在形の 3 人称複数の活用から -ent を除いたもの。不規則動詞は例外が多い。

活用語尾は、すべての動詞に共通(-er 動詞の直説法現在に似る)

《活用語尾》

je	-e	nous	-ions
tu	-es	vous	-iez
il/elle	-e	ils/elles	-ent

《例》aimer 《語幹》ils aiment → aim

j'aime	nous aim**ions**
tu aim**es**	vous aim**iez**
il/elle aime	ils/elles aim**ent**

● **命令法**

直説法現在の tu, nous, vous の活用から主語を除く

-er 動詞の tu に対する命令では、活用語尾の -s を除く

動詞の複合時制の活用: 助動詞(avoir または être)＋過去分詞

助動詞に être を用いるのは、移動や状態変化を表す自動詞(aller, venir, entrer, sortir など)と代名動詞

それ以外の動詞は助動詞に avoir を用いる

助動詞が être の場合は、過去分詞が主語の性数に一致する

● **直説法複合過去:** 助動詞(avoir または être)の現在形＋過去分詞

《例》aimer 《過去分詞》aimé

j'ai aimé	nous avons aimé
tu as aimé	vous avez aimé
il/elle a aimé	ils/elles ont aimé

《例》aller 《過去分詞》allé

je suis allé (e)	nous sommes allé(e)s
tu es allé(e)	vous êtes allé(e)(s)
il est allé elle est allée	ils sont allés elles sont allées

● **直説法前未来:** 助動詞(avoir または être)の単純未来形＋過去分詞

《例》aimer 《過去分詞》aimé

j'aurai aimé	nous aurons aimé
tu auras aimé	vous aurez aimé
il/elle aura aimé	ils/elles auront aimé

《例》aller 《過去分詞》allé

je serai allé (e)	nous serons allé(e)s
tu seras allé(e)	vous serez allé(e)(s)
il sera allé elle sera allée	ils seront allés elles seront allées

● **直説法大過去:** 助動詞(avoir または être)の半過去＋過去分詞

《例》aimer 《過去分詞》aimé

j'avais aimé	nous avions aimé
tu avais aimé	vous aviez aimé
il/elle avait aimé	ils/elles avaient aimé

《例》aller 《過去分詞》allé

j'étais allé (e)	nous étions allé(e)s
tu étais allé(e)	vous étiez allé(e)(s)
il était allé elle était allée	ils étaient allés elles étaient allées

● **条件法過去:** 助動詞(avoir または être)の条件法現在＋過去分詞

《例》aimer 《過去分詞》aimé

j'aurais aimé	nous aurions aimé
tu aurais aimé	vous auriez aimé
il/elle aurait aimé	ils/elles auraient aimé

《例》aller 《過去分詞》allé

je serais allé (e)	nous serions allé(e)s
tu serais allé(e)	vous seriez allé(e)(s)
il serait allé elle serait allée	ils seraient allés elles seraient allées

● **接続法過去:** 助動詞(avoir または être)の接続法現在＋過去分詞

《例》aimer 《過去分詞》aimé

j'aie aimé	nous ayons aimé
tu aies aimé	vous ayez aimé
il/elle ait aimé	ils/elles aient aimé

《例》aller 《過去分詞》allé

je sois allé (e)	nous soyons allé(e)s
tu sois allé(e)	vous soyez allé(e)(s)
il soit allé elle soit allée	ils soient allés elles soient allées

---

動詞の用法

● **不定詞**

名詞と同じように主語、属詞、目的補語になり、「～すること」の意味になる

文頭に用いられ、命令の表現にもなる

Vivre, c'est agir.

生きることは、行動することだ

Pourquoi <u>introduire</u> l'uniforme à l'école?

学校に制服を導入するのはなぜでしょうか？

<u>Ajouter</u> des œufs dans la pâte et <u>cuire</u> pendant 30 minutes au four.

生地に卵を入れ、それからオーブンで 30 分焼きます。

● **現在分詞**

qui + 動詞に代わる

J'ai vu ma mère <u>sortant</u> de la supérette.

私は、コンビニから出てくる母を見かけました。

同時性、理由、条件、対立を表現する。ジェロンディフ（→ p.59）より文語的

<u>Ayant</u> sommeil, ils se sont couchés tôt.

眠かったので、彼らは早く寝た。

● **過去分詞**

複合時制をつくる → p.56

受動態をつくる　être + 過去分詞 + par（あるいは de）

Ce livre <u>est écrit</u> par un auteur francophone. Cet auteur <u>est respecté</u> de tous les amateurs de livre.

この本は、あるフランス語圏作家によって<u>書か</u>れました。この作家はすべての愛書家に<u>尊敬</u>されています。

名詞を修飾する形容詞として用いられる

un projet <u>réussi</u>　　une entreprise <u>connue</u>

成功したプロジェクト　　有名な企業

動詞の用法　直説法：現実に起きること、起きたこと、起こり得ること

● **現在の表現**

［直説法現在］

Nous <u>sommes</u> le 14 juillet. Je <u>sors</u> le soir avec des amis.

今日は 7 月 14 日です。私は夜に友達と出かけます。

● **過去の表現**

［直説法複合過去］：過去に完了した出来事を表現する

Hier, je <u>suis allée</u> au cinéma avec des copains. Nous <u>avons aimé</u> le film.

昨日、私は友達と映画に行きました。私たちはその映画を気に入りました。

［直説法半過去］：過去に継続していた出来事、繰り返し行われていた出来事を表現する

Quand j'<u>étais</u> au cinéma, mon père m'a téléphoné.

私が映画館にいるときに、父親が電話してきました。

Quand il <u>était</u> jeune, mon père <u>allait</u> tous les jours au cinéma après les cours.

若い頃、私の父親は毎日授業の後に映画館に行っていたものでした。

［直説法大過去］：基準となる過去の時点ですでに完了している出来事を表現する

Quand je suis arrivé au cinéma, Julien, qui m'attendait, <u>avait déjà acheté</u> les billets.

私が映画館に着くと、ジュリアンが私を待っていて、もうチケットを買ってくれていました。

● **未来の表現**

［直説法単純未来］：未来に起こり得る出来事を表現する

Demain, je <u>resterai</u> chez moi pour faire mes devoirs.

明日、私は宿題をするために家にいるでしょう。

S'il n'y a pas beaucoup de devoirs, je <u>sortirai</u>.

宿題がたくさんなければ、出かけるでしょう。

［直説法前未来］：基準となる未来の時点より前に完了している出来事を表現する

J'<u>aurai terminé</u> mes devoirs avant 8 heures du soir.

夜の 8 時前には、宿題が終わっているでしょう。

動詞の用法　条件法：非現実の(＝現実の事実に反する)ことがらを表現

● 条件法現在・過去

丁寧な表現をつくる

> Voudriez-vous prendre quelque chose ?　— Je voudrais bien un café, s'il vous plaît.
> なにか召し上がりますか？　―コーヒーを一杯いただければ。

婉曲な表現(推察、伝聞)をつくる

> Selon la presse locale, il y aurait en ce moment un attentat dans le centre-ville.
> 現地の報道によると、いま町の中心部でテロが起きているもようです。

> Il y aurait eu un attentat par l'opposition dans le centre-ville.
> 町の中心部で、反対派のテロがあったようだ。(条件法過去)

非現実の仮定の表現の中で、想定される帰結を表現する

> S'il n'y avait pas beaucoup de devoirs, je sortirais.
> たくさん宿題がなければ、遊びに行くのだけど。(＝宿題がたくさんあるので行けない)

> Ce serait bien si je pouvais prendre deux semaines de vacances pour visiter la France.
> 2週間休みが取れたらフランスに行けていいのになあ。(＝2週間休みが取れない)

過去における非現実の仮定の表現の中で、過去に想定された帰結を表現する

> S'il n'y avait pas eu beaucoup de devoirs, je serais sorti.
> たくさん宿題が出てなかったら、遊びに行っていたのだけれど。(条件法過去)

動詞の用法　接続法

話し手の主観(非現実のことがらを含む)を伝える表現に続く、従属節や接続詞句の中で用いる

● 接続法現在・過去

話し手の主観を表す表現に伴う従属節の中で用いる

> Mes parents veulent que je réussisse l'examen.
> 両親は、私が試験に受かることを望んでいます。(vouloir que ～：～を望む)

> Je ne crois pas que cela soit difficile.
> それは難しいと思いません。(croire que ～：～と思わない)

> Il faut que je parte ; j'ai un entretien pour mon nouveau travail.
> 行かなきゃ。新しい仕事の面接があるので。(il faut que ～：～しなければならない)

> Il est possible que les invités soient déjà arrivés.
> 招待客はもう到着したかもしれない。(il est possible que ～：～かもしれない、接続法過去)

目的、譲歩、逆接を表現する接続詞句の中で用いる

> Le professeur prépare beaucoup pour que les étudiants comprennent mieux.
> 教師は、学生たちがもっと理解するようにたくさん準備をします。(pour que ～：～するために)

> Bien qu'il soit intelligent, il est un peu paresseux.
> 彼は頭が良いけれど、すこし怠ける。(bien que ～：～なのに)

最上級やそれに類似する表現に伴う従属節の中で用いる

> C'est la seule personne qui puisse expliquer ce problème.
> それは、この問題を説明できるただ一人の人です。(seul：唯一の)

その他の動詞の用法

● 命令法

tu / vous の区別は、命令する相手との関係、相手の数による。nous の場合は「～しましょう」の意味になる

> Paul, Julien, venez ici ! Paul, ne sois pas en retard !
> ポール、ジュリアン、こっちに来いよ！ ポール、遅れるな！

> Venez par ici, madame.
> こちらにいらしてください。

● **ジェロンディフ: en＋現在分詞（主語は主節の主語と同じ）**

同時性（～しながら）、理由・条件（～なので）、対立（～なのに）を表現する

> J'ai vu ma mère **en sortant** de la supérette.
> 私はコンビニから出てくる時に、母を見かけました。

> **En prenant** ce médicament, il s'est vite rétabli.
> この薬を飲んだら、彼はすぐに回復した。

> Tout **en étant** malade, il a dû aller au travail.（tout は対立を表す）
> 病気だったのに、彼は仕事に行かなければならなかった。

代名動詞: 再帰代名詞（動詞の目的補語）を伴う動詞

再帰代名詞は、直接目的補語である場合と間接目的補語である場合の両方がある
活用は、再帰代名詞も含めて変化する。複合形の助動詞には être を用いる

《例》 se coucher

je me couche	nous nous couchons
tu te couches	vous vous couchez
il/elle se couche	ils/elles se couchent

[再帰的用法]：再帰代名詞は直接目的補語あるいは間接目的補語

> Je **me réveille**.
> 私は目を覚まします。（me＝直接目的補語）

> Elle **se lave** les mains.
> 彼女は手を洗います。（se＝間接目的補語）

[相互的用法]：主語は人、「～し合う」の意。再帰代名詞は直接目的補語あるいは間接目的補語

> Nous **nous écrivons** souvent.
> 私たちはよく手紙をやりとりしています。

> Ils **s'aiment** beaucoup.
> 彼らはとても愛し合っている。

[受動的用法]：主語は人以外、「～される」の意。再帰代名詞は直接目的補語

> Les sushis **se mangent** avec les doigts.
> 寿司は手で食べます。

> Les startups **se développent** bien aux États-Unis.
> アメリカではスタートアップが発展しています。

[本質的用法]：代名動詞としてしか使われない。再帰代名詞は直接目的補語

> Vous **vous souvenez** de moi ?
> 私のことを覚えていらっしゃいますか？（se souvenir de ～：～を覚えている）

> On **se sert** de cette application pour éditer la vidéo.
> 動画の編集にこのアプリを使います。（se servir de ～：～を用いる）

代名詞のまとめ

● **代名詞:** 文中で名詞が果たす機能を代行する

人称代名詞の形

	直接目的補語	間接目的補語	強勢形
je	me (m')		moi
tu	te (t')		toi
il /elle	le (l') / la (l')	lui	lui / elle
nous	nous		nous
vous	vous		vous
ils / elles	les	leur	eux / elles

人称代名詞の強勢形

主語、直接目的補語、間接目的補語以外の位置で使われる

具体的には、① 主語や直接目的補語の強調　② c'est, et の後　③ 前置詞の後

> <u>Moi</u>, j'aime bien le prof d'anglais, et <u>toi</u>?
>
> 私はあの英語の先生けっこう好きだけど、あなたは？

> C'est <u>lui</u> qui est allé en France avec <u>vous</u>?
>
> あなたとフランスに行ったのは彼ですか？

目的補語代名詞

● 直接目的補語代名詞（COD）

前置詞を介さずに動詞の目的補語となる語に代わる

特定の人や物に代わる

位置は動詞の前、me, te, le, la ではエリジヨンがおきる

> Je <u>t'</u>aime.
>
> あなたが好きです。

> Ce livre de Le Clézio, je <u>l'</u>offre à Agnès.
>
> このル・クレジオの本を、私はアニエスにプレゼントします。

● 間接目的補語代名詞（COI）

前置詞の à を伴って動詞の目的補語となる語に代わる

特定の人に代わる

位置は動詞の前

> Je <u>lui</u> dirai que tu ne viens pas.
>
> 君が来ないって、彼(彼女)に言っておくね。

> Pour l'anniversaire d'Agnès, je <u>lui</u> offre ce livre de Le Clézio.
>
> アニエスの誕生日に、私はこのル・クレジオの本をプレゼントします。

注意: 物をあらわす名詞には代わらない

> Tu penses à l'examen de français? — Oui, j'<u>y</u> pense.
>
> フランス語の試験のこと考えてる？　—うん、考えてる。

● 中性代名詞

言い換える名詞の性や数を問わずに使うことができる。位置は動詞の前

[en]

①不定冠詞、部分冠詞、数詞のついた名詞に代わる、②前置詞 de ＋名詞に代わる

> Il y a <u>du lait</u> dans le frigo? — Oui, il y <u>en</u> a un peu.（＝il y a un peu de lait）
>
> 冷蔵庫に牛乳はありますか？　—はい、少しあります。

> Combien <u>de voitures</u> avez-vous? — J'<u>en</u> ai deux.（＝J'ai deux voitures.）
>
> 車は何台持っていらっしゃいますか？　—2台持っています。

> Tu parles souvent <u>de politique</u> avec tes amis? — Non, on n'<u>en</u> parle pas souvent.（＝on ne parle pas souvent de politique）
>
> 友達とよく政治の話をする？　—いえ、頻繁には話さないです。

[y]

①à＋名詞に代わる　②à＋場所に代わる(前置詞は、en, chez, dans など場所を表す前置詞)

位置は、動詞の前

> Penses-tu <u>à ton futur travail</u>? — Oui, j'<u>y</u> pense beaucoup.
>
> 将来の仕事のこと、考えてる？　—うん、すごく考えてるよ。

> Elle est déjà allée <u>à Toulouse</u>? — Oui, elle <u>y</u> est allée en 2010.
>
> 彼女はトゥールーズに行ったことはありますか？　—はい、2010 年に行きました。

注意: 人には代わらない

Je pense beaucoup à toi.
きみのことをたくさん考えています。(J'y pense beaucoup. にはならない)

[le]
名詞ではなく、不定詞、形容詞、節などに代わる

Il faut partir tout de suite ? — Oui, il le faut.
すぐに出発しなければなりませんか？　—はい、そうしなければいけません。

Elles sont contentes ? — Oui, elles le sont.
彼女たちは喜んでいるのですか？　—はい、そうです。

Vous savez que Paul a déménagé ? — Non, je ne le savais pas.
ポールが引っ越したのをご存知ですか？　—いいえ、知りませんでした。

● 関係代名詞

[qui]：関係詞節の主語となる。人、物どちらにも代わる

C'est une danseuse qui danse dans le ballet *La Belle au bois dormant*.
このダンサーは、バレエ『眠れる森の美女』を踊っています。

[que]：関係詞節の直接目的補語となる。人、物どちらにも代わる

Le film que j'ai vu hier n'était pas très intéressant.
私が昨日見た映画は、あまり面白くなかった。

[dont]：前置詞 de＋人／物に代わる。

C'est un homme politique dont on parle beaucoup récemment.
この政治家は、最近とても話題になっています。(parler de 〜：〜について話す)

C'est une étudiante dont le père est maire.
この学生は、父親が市長をしています。(le père de 〜：〜の父親)

[où]：場所、時間を表す状況補語に代わる。où に続く文で代名詞ではない主語は倒置することがある

L'Élysée est le nom du palais où habite le Président de la République.
エリゼとは、共和国大統領が住んでいる宮殿の名前です。

C'est le moment où nous devons discuter sérieusement des problèmes environnementaux.
真剣に環境問題を議論するべき時です。

変化する関係代名詞（前置詞を伴う関係代名詞）

	男性 単数	男性 複数	女性 単数	女性 複数
	lequel	lesquels	laquelle	lesquelles
à +	auquel	auxquels	à laquelle	auxquelles
de +	duquel	desquels	de laquelle	desquelles

単独で、特定の人・物を表す代名詞として使う。先行詞の性・数によって変化する
qui に代わって、前置詞を伴い関係代名詞として使うことができる
前置詞 à, de を伴う時は縮約がおきる

Lequel de ces gâteaux aimes-tu ?
これらのお菓子でどれが好き？

C'est une problématique à laquelle je m'intéresse.
これは私が興味を抱いている問題です。(s'intéresser à 物)

C'est le directeur au nom duquel j'ai assisté à la réunion.
こちらが、私が代理として会議に出席したディレクターです。

Le directeur avec lequel j'ai travaillé était très sympathique.
私が一緒に仕事をしたディレクターは、とてもいい人でした。(travailler avec 人)

指示代名詞

既出の名詞に代わる。既出の名詞なしの場合は「〜な人（人々）」を表す。de または関係代名詞を伴って
使われる。性・数によって変化する

61

	単数	複数
男性名詞	celui	ceux
女性名詞	celle	celles

Mon ordinateur est dans mon sac, <u>celui</u> de Jean-Paul est sur le bureau.
私の PC はかばんの中で、ジャン・ポールの PC はデスクの上にあります。

<u>Ceux</u> qui parlent français peuvent voyager facilement au Québec.
フランス語を話す人は、ケベックを楽に旅行できます。

指示代名詞 ce は、性・数に関係なく関係代名詞の先行詞となり、物・ことがらに代わる

<u>Ce</u> qui n'est pas clair n'est pas français.
明晰でないものはフランス語ではない。

On ne sait pas <u>ce</u> qui va arriver d'ici une heure.
今から 1 時間で何が起こるかはわからない。

その他の文法

比較の表現

●比較級

plus ＋形容詞／副詞＋que 〜：〜より［形容詞／副詞］だ
aussi ＋形容詞／副詞＋que 〜：〜と同じくらい［形容詞／副詞］だ
moins ＋形容詞／副詞＋que 〜：〜より［形容詞／副詞］でない
・形容詞は修飾する名詞の性・数に一致する。副詞は変化しない
・bon / bien / beaucoup は plus を付けた形ではなく、特別な形を用いる
　×plus bon → ○meilleur / ×plus bien → ○mieux / ×plus beaucoup → ○plus
L'Opéra Bastille est <u>plus grand que</u> l'Opéra Garnier.
オペラ・バスチーユは、オペラ・ガルニエよりも大きい。

La danse contemporaine est <u>aussi intéressante que</u> le ballet.
コンテンポラリーダンスはバレエと同じくらい面白い。

L'art contemporain est <u>moins difficile que</u> vous pensez.
現代美術はあなたが考えるより難しくない。

Il travaille <u>mieux que</u> son petit frère.
彼は弟より勉強する。

●最上級　形容詞

定冠詞＋plus ＋形容詞（＋名詞）（＋de 〜）：（〜で）最も［形容詞］（な［名詞］）だ
定冠詞＋moins ＋形容詞（＋名詞）（＋de 〜）：（〜で）最も［形容詞］でない（な［名詞］）
・定冠詞は形容詞が修飾する名詞の性・数によって決まる
・形容詞は修飾する名詞の性・数に一致する
・bon の優等最上級　×le plus bon → ○le meilleur (la meilleure, les meilleurs, les meilleures)
Marius Petipa est <u>le plus important chorégraphe</u> dans l'histoire du ballet.
マリウス・プティパは、バレエ史で最も重要な振付家だ。

Pour moi, Sylvie Guilleme est <u>la meilleure danseuse</u> du XXe siècle.
私にとって、シルヴィ・ギエムは 20 世紀で最も優れた女性ダンサーだ。

●最上級　副詞

le ＋plus 副詞＋de 〜「〜の中で最も［副詞］だ」
le ＋moins 副詞＋de 〜「〜の中で最も［副詞］でない」
・定冠詞は常に le を用いる
・bien / beaucoup の優等最上級　×le plus bien → ○le mieux / ×le plus beaucoup → ○le plus

Elle danse le mieux.
彼女はいちばん上手に踊る。

Qui chante le moins bien de la famille？
家族でいちばん歌が上手でないのは誰？

疑問文

● oui / non で答える疑問文

① 平叙文に「?」を付ける

Il a des amis français？
彼にはフランス人の友達がいますか？

②平叙文の文頭に est-ce que を付ける

Est-ce qu'il a des amis français？

③主語と動詞の倒置を行う

主語が代名詞の場合（単純倒置）：主語と動詞を倒置し、間に - を入れる。主語が il / elle で動詞の語尾が母音字 a, e で終わるときは、動詞と主語の間に -t- を入れる

A-t-il des amis français？

主語が代名詞以外の場合（複合倒置）：主語と動詞の位置はそのままで、動詞の後ろに - を付けて、主語に対応する代名詞を置く

Paul a-t-il des amis français？
ポールにはフランス人の友人はいますか？

● 疑問副詞 (où, que, quand, qui, comment, pourquoi) をともなう場合

① 平叙文＋疑問副詞

Tu vas où？
どこに行くの？

On le fait comment？
それ、どうやるの？

注意　疑問詞 que は ① では形が変化して quoi になる

Alors, on fait quoi demain？
じゃあ、明日は何しようか？

② 疑問副詞＋est-ce que＋平叙文

Quand est-ce que la réunion aura lieu？
いつ会議は開催されますか？

Qu'est-ce qu'elle aime comme films？
彼女はどんな映画が好きですか？

③ 疑問副詞＋主語と動詞の倒置

Où allez-vous？
どこにいらっしゃるのですか？

Que sais-je？
私は何を知っているだろう？

Pourquoi le président a-t-il pris cette décision？
なぜ大統領はこの決断を下したのでしょうか？

著者紹介
岡見さえ
　共立女子大学文芸学部准教授
ミカエル・デプレ（Michaël Desprez）
　上智大学文学部教授

12テーマでわかるフランス事情 ［三訂版］

2024年 2 月 1 日　印刷
2024年 2 月 10 日　発行

著　者 ©　　岡　見　さ　え
　　　　　　ミカエル・デプレ
発行者　　　岩　堀　雅　己
印刷所　　　株式会社理想社

発行所　　101-0052 東京都千代田区神田小川町3の24
　　　　　電話 03-3291-7811（営業部）, 7821（編集部）
　　　　　www.hakusuisha.co.jp　　　株式会社 白水社
　　　　　乱丁・落丁本は、送料小社負担にてお取り替えいたします。

振替 00190-5-33228　　　　　　　　　　　　誠製本株式会社
ISBN978-4-560-06155-8

Printed in Japan